**Bibliografische Information der Deutschen Nationalbibliothek**
Die Deutsche Nationalbibliothek verzeichnet diese Publikation in
der Deutschen Nationalbibliografie; detaillierte bibliografische
Daten sind im Internet über http://dnb.d-nb.de abrufbar.

Das Gesamtprogramm
von Butzon & Bercker
finden Sie im Internet
unter www.bube.de

ISBN 978-3-7666-2979-1

© 2022 Butzon & Bercker GmbH, Hoogeweg 100, 47623 Kevelaer,
Deutschland, www.bube.de
Umschlaggestaltung: Tanja Manden, Kevelaer
Layout, Gestaltung und Satz: serfling.media, Leipzig

Bastian Rütten

# Winter-
# WOHLFÜHLTAGE

## PAUSENZEITEN FÜR MICH

Butzon & Bercker

# INHALT

# WINTER-WOHLFÜHLTAGE

Wenn der Sommer vorbei ist und auch die goldenen Herbsttage „von gestern" sind, bleibt die Erkenntnis: Es ist Winter geworden. Natürlich ist es kalt und grau. Nicht selten geht uns der makellose Glanz der idyllisch-weißen Weihnacht ab. Trotzdem, oder gerade deshalb:

### DIE WINTERZEIT IST AUCH EINE WOHLFÜHLZEIT.

Während es in der Natur, noch für uns unsichtbar, unter den kahlen Ästen bereits knospt, haben wir Zeit, die Zeit zu segnen – die Winterzeit. Die Tage und Wochen des Winters halten viele Botschaften und Möglichkeiten bereit. Bei einer heißen Tasse Tee,

   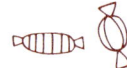 

vielleicht am wärmenden Kaminfeuer und im Kerzenlicht, lädt diese Jahreszeit uns ein:

## TANKE AUF!
## DAS IST GENAU JETZT DRAN.

Dieses Buch soll ein Wegbegleiter durch die Wintermonate sein. Kostbare Impulse sind überall zu entdecken. Manche verstecken sich hinter besonderen Tagen, andere sind in liebgewonnenen Ritualen zu finden. Oft unbemerkt, werden uns Winter für Winter wirkliche Wohlfühlmomente für Leib und Seele geschenkt. Danach kann auch das neue Frühjahr gerne kommen.

# Winter-
## WOHLFÜHLTAGE

# HERBSTLAUB FÄCHERN

## IM SPÄTHERBST

Man schiebt das so vor sich her. Keine Frage: Es ist keine sonderlich attraktive Zeit für Arbeiten im Garten und an der frischen Luft. Trotzdem gibt es die ein oder andere Aufgabe, die wir vor der Brust haben. Bei mir kann der Winter erst richtig anfangen, wenn das letzte Laub der vergangenen Herbststürme zusammengefächert ist und seinen Platz auf dem Komposthaufen gefunden hat. Vielleicht ist es ein persönlicher Tick? Ich weiß es nicht! Mir gibt es aber ein gutes Gefühl, wenn diese Arbeit getan ist. Der Anblick hat etwas Besonderes.

> DIE BÄUME SIND KAHL, DIE LUFT IST WINTERLICH REIN UND RASEN UND BEETE LIEGEN KAHL (UND BLATTFREI) VOR MIR. „WELL DONE!" – SO KÖNNTE MAN SAGEN.

Oder auch: „Die Jahresernte ist eingebracht!" Nun kann es Winter werden und damit ein wenig bedächtiger und ruhiger. Auch meiner inneren Uhr biete ich um diese Jahreszeit eine solche Phase des Zusammenfächerns an. Wenn aller Unrat weggekehrt ist, liegt das vergangene Jahr nackt und ehrlich vor mir. Ändern kann man jetzt nichts mehr. Es ist die Zeit, alles anzunehmen. Es ist die Zeit zur Rückschau, aber auch zur Ausschau und zum Schmieden neuer Pläne.

FEINSÄUBERLICH ZUSAMMENZUFEGEN:
DIE BEGEGNUNGEN
DIE ERFOLGE
DAS GESCHEITERTE
DAS UNTERLASSENE
DAS GETANE
DAS ERFREULICHE
DAS TRAURIGE

DAS ALLES AUF EINEN HAUFEN.
DER GÄRTNER NENNT ES KOMPOST.

Und: Er macht daraus kostbaren
Humus für das kommende Jahr.

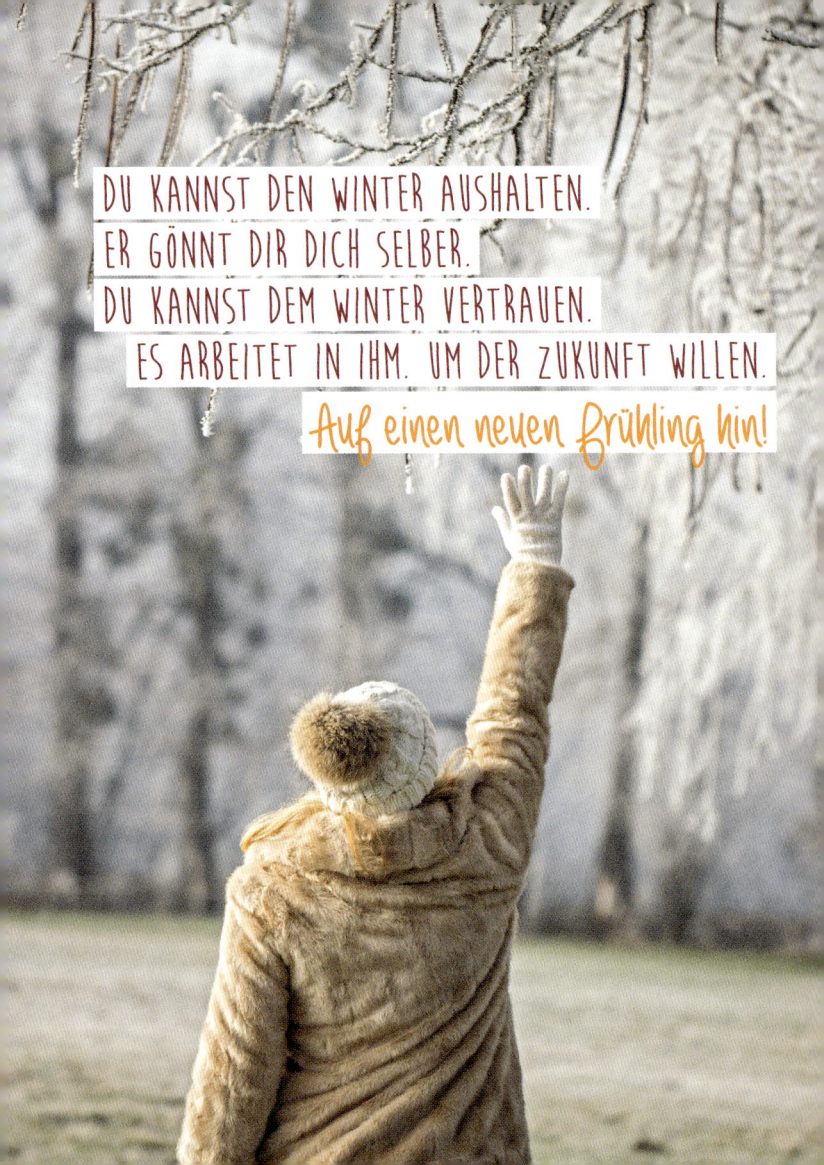

DU KANNST DEN WINTER AUSHALTEN.
ER GÖNNT DIR DICH SELBER.
DU KANNST DEM WINTER VERTRAUEN.
ES ARBEITET IN IHM. UM DER ZUKUNFT WILLEN.

Auf einen neuen Frühling hin!

# DIE UHR AUF WINTERZEIT DREHEN

## ZEITUMSTELLUNG

Wenn die Tage kürzer werden, steht auch alljährlich die Zeitumstellung an. Die Mitteleuropäische Winterzeit bestimmt für die nächsten Monate unseren Alltag. Für mich ist diese Aufgabe eigentlich nebensächlich: Ich komme fast immer gut aus dem Bett. Aber spätestens jetzt wird jedem klar: Sommer und Herbst sind vorbei. Es gibt ein altes Sprichwort, das mir immer dann einfällt, wenn ich meine letzten analogen Uhren umstelle: „Was hat die Stunde geschlagen?" Und dann wird mir wieder bewusst: „Mein sind die Jahre nicht!" Das bedeutet, dass die Zeit unaufhaltsam voranschreitet.

### STUNDEN, TAGE, JAHRE VERGEHEN UND AM ENDE: EWIGKEIT.

So glauben es zumindest wir Christen.

Der Winter ist für mich eine wertvolle Zeit. Aber zugleich ist er nur erträglich für mich, weil ich um den kommenden Frühling weiß. Der Prophet Kohelet hat es einmal so gesagt: „Alles hat seine Zeit!" Der Winter schenkt mir eine Zeit zum Innehalten und zum Müßiggang. Gegen Ende des Winters sehne ich mich aber dann auch immer nach den ersten Frühlingsblühern. So möchte ich auch den Winter meines Lebens erleben … irgendwann. Voller Müßiggang und Blütenerwartung. Das wäre was!

# ANHEIZEN

## VORM KAMINOFEN

Wenn es kälter wird, ist es wieder Zeit für unseren Kaminofen. Im Frühjahr wurde er eingemottet und zuvor gründlich gereinigt: die Asche entfernt, die Glasscheibe geputzt. So war er in den letzten Monaten nur Beiwerk in der Ecke des Raumes. Nun wird er wieder gebraucht. Irgendwann im Sommer habe ich immer die Aufgabe, das Feuerholz für die nächste Saison so zu stapeln, dass das trockenste Holz greifbar liegt, damit es dann auch direkt losgehen kann, wenn es frisch wird. Wenn es drauf ankommt, zahlt sich diese Vorbereitung aus. So ist es noch jeden Winter gewesen.

### DIE WINTERZEIT IST DARUM AUCH DIE ZEIT DER „AUSSCHÜTTUNG".

Es macht sich jetzt bezahlt, dass man im Sommer (wo man ja eigentlich keine Lust auf die Holzstapel hat) die Ärmel hochgekrempelt hat. Vielleicht gilt das auch im Übertragenen? Mag sein. In der kahlen und kalten Zeit erfreut und wärmt mich mein „Erarbeitetes". Das gilt für das Brennholz, aber auch für so viele Freundschaften und Erlebnisse, die mich in den kommenden Wochen und Monaten erwärmen.

WAS DU BRAUCHST,
WENN ES KALT UND WINTER WIRD?

EINE WÄRMEQUELLE,
DIE KRAFT HAT.
NICHT NUR IM OFEN.

ES SIND DIE Menschen,
DIE DU LIEBST.
ES IST DIE Liebe,
DIE DIR GESCHENKT IST.
ES IST ZULETZT AUCH DIE
Zusage Gottes:
MITTEN IM KALTEN WINTER
KOMMT GOTT UNS NAH!

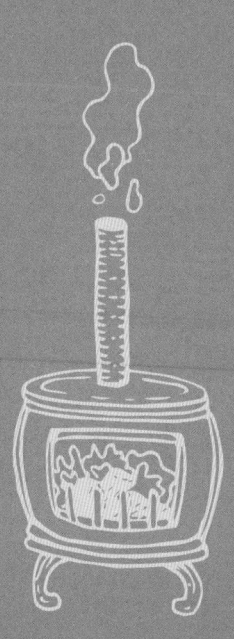

# LEBENSGESCHICHTEN ERZÄHLEN

### ALLERHEILIGEN

Wenn es Winter wird, ist auch endlich mal wieder Zeit, in Ruhe zu reden. Und zwar nicht nur oberflächlich und nebenbei, wie etwa beim Grillfest oder bei der Gartenparty. Nicht selten ertappe ich mich in der dunklen Jahreszeit dabei, die Geschichten von früher zu erzählen. Sie sind tief eingebrannt in mir … ganz hinten auf der Festplatte. Und: sie sind verbunden mit Menschen. Viele von ihnen leben schon lange nicht mehr.

**DIE URGROSSMUTTER UND IHR APFELMUS, DER OPA UND SEINE BEGABUNG, ALLES REPARIEREN ZU KÖNNEN. DER LEHRER UND SEIN GROSSES HERZ …**

Eine endlose Liste von besonderen Menschen taucht plötzlich auf, wenn ich darüber nachdenke.

WEISST DU NOCH, DIE OMA?
WEISST DU NOCH, WIE DAMALS DER VATER …?
ERINNERST DU DICH NOCH AN …?
Lasst uns diese Geschichten erzählen!
SIE SCHRIEBEN GESCHICHTE,
DIE UNS BIS HEUTE TRÄGT.

Am 1. November eines jeden Jahres feiert meine Kirche das Fest Allerheiligen. Man erinnert sich an diesem Tag an die unterschiedlichsten Menschen und ihre Lebenszeugnisse. Was ist das für ein bunter Haufen: ernste und humorvolle Menschen, Beter und Praktiker, Gelehrte und bodenständige Arbeiter. Ich mag diese Menschen gar nicht auf noch höhere Sockel heben. Ich finde, das wurde schon zu viel getan. Doch die berühmten Heiligen tun mit ihren Zeugnissen gut und erinnern mich daran, den Winter für mein persönliches Allerheiligenverzeichnis zu nutzen. Da gibt es so viel zu erzählen, Geschichten von Menschen, die einmal waren. Durch die Art und Weise, wie sie waren, sind sie noch immer. Das tut gut. Davon will ich erzählen an langen Winterabenden.

Rechenaufgabe:
WAS DU HAST
minus
WAS DU GEBEN WILLST
ergibt:
Immer mehr!

# TEIL-ZEIT

## MARTINSTAG

Ein besonderer Tag an der Pforte zwischen Herbst und Winter ist für mich der 11. November. Martin von Tours und seine Legende begeistern mich seit Kindertagen – bis heute. Im bekanntesten Martinslied singen wir: „Sankt Martin ritt durch Schnee und Wind." Strophe für Strophe zeigt mir dieses Lied immer wieder, wie es gelingen kann, in wirklich ungemütlichen Situationen – also sprichwörtlich in Schnee und Wind – Wärme und Licht zu spenden. Martin schafft das. Er wählt das Teilen und wird so reich. Eine verrückte Story, oder? Aber genau hingeschaut, ist das eine wichtige Erkenntnis.

**WIRKLICH REICH BIST DU NUR DANN, WENN DU ANDERE TEILHABEN LÄSST.**

Das gilt nicht nur für Mäntel oder finanziellen Reichtum. Das geht viel einfacher und alltäglicher. Im kommenden Winter tun wir das alles intuitiv. Wir laden Menschen ein und schenken ihnen Zeit. So werden wir zu Beschenkten. Wir bereiten Menschen eine Freude und uns selber kommt dabei ein Lächeln ins Gesicht. In allem Schnee und Wind meiner Alltäglichkeiten will ich den heiligen Martin zum Vorbild nehmen. So möchte ich durch die Trostlosigkeiten „reiten" ... als Lichtbringer und Wärmespender. Was für ein toller Tag!

# DER HOPPEDITZ

## 11. NOVEMBER

In den Hochburgen des Karnevals beginnt alljährlich am 11.11. um 11 Uhr und 11 Minuten die Karnevalszeit. Jede Region hat da ihre eigenen Riten. Mancherorts sagt man, an diesem Tag erwache der Hoppeditz. Dieser Hoppeditz verkörpert den Frohsinn und die Heiterkeit. Beides steht ja in der Session bis zum Aschermittwoch im Mittelpunkt. Ob man sich vom Karnevalsvirus infizieren lässt, bleibt jedem selbst überlassen. Gott sei Dank! Ich finde das Signal, das vom 11.11. ausgeht, trotzdem gut; auch für alle, denen die Begeisterung für die sogenannte fünfte Jahreszeit abgeht.

WENN ES TRIST UND DUNKEL WIRD
UND DER WINTER EINSETZT,
LAUTET DIE BOTSCHAFT:
FREUDE IST ANGESAGT!

Der Hoppeditz und seine närrischen Anhänger tun das auch irgendwie für alle anderen. Sie trotzen den winterlich-kalten Fakten. Die Botschaft selber ist wichtig: Humor hilft. Ich wünsche jedem Menschen zumindest einen solchen inneren Hoppeditz in sich. Immer dann, wenn es uns zu kalt, zu herzlos, zu ernst wird, möge er in uns erwachen. Nicht nur am 11.11. – aber für die Karnevalisten natürlich ganz besonders dann.

IN DAS GRAU EINEN PINSELSTRICH Farbe.
IN DIE TRAURIGKEIT EIN Lächeln.
IN DIE ROUTINE ETWAS Erheiterung.

DAS ALLES KANN ERWACHEN.
IN MIR UND DIR.
UND DANN SPRINGT ES ÜBER.
AUF DIE WELT.

DAS GLÜCK, IN PFÜTZEN ZU SPRINGEN.
DAS GLÜCK, MAL WIEDER ZUCKERWATTE ZU ESSEN.
DAS GLÜCK, DEN LIEBLINGSFILM ZU SEHEN.
DAS GLÜCK, MIT EINEM LIEBEN MENSCHEN DIE
NACHT ZUM TAG ZU MACHEN.
DAS GLÜCK, MAL KURZ ABZUHAUEN.
DAS GLÜCK, NICHT JEDEM GEFALLEN ZU MÜSSEN.

Glückskind.
ICH!
SIEHST DU MAL ...

# GLÜCK IN DEN KLEINEN DINGEN

## ELISABETHTAG

Am 19. November haben alle, die Elisabeth heißen und es feiern, alljährlich Namenstag. Wir erinnern uns an diesem Datum an Elisabeth von Thüringen, die ihr Leben auf der Wartburg verbrachte. Eigentlich war für sie alles klar. Hineingeboren in den Adel und entsprechend gut aufgestellt, hatte sie eigentlich nur zu tun, was man von ihr erwartete. Aber genau das machte sie irgendwie unglücklich. Sie schoss also quer im System und begann sich um die einfachen Menschen und ihre Sorgen und Nöte zu kümmern. Das passte natürlich einigen Menschen aus ihrem Umfeld überhaupt nicht. Aber sie zog es durch. So fand sie ihr Glück in den kleinen und hilfreichen Dingen, die sie für andere tat.

Für mich folgt aus der Botschaft dieser Elisabeth ganz konkret die Frage:

### WAS MACHT MICH EIGENTLICH WIRKLICH GLÜCKLICH? UND: WARUM TUE ICH DAS NICHT EINFACH MAL?

An diesem Wintertag möchte ich darüber nachdenken und hier und da das Glücklichsein neu einüben. Für mich persönlich! Und wenn das klappt, springt das dieser Funke vielleicht auch irgendwie auf die anderen über.

# VOR DER ZEIT

## STOLLEN BACKEN

Eigentlich regt es mich auf, wenn schon im Oktober die Regale der Supermärkte voll sind mit Weihnachtsleckereien. Ich bin da zwar nicht dogmatisch, aber ich finde: alles zu seiner Zeit. In einer Sache mache ich aber eine Ausnahme. Anfang November steht das Backen des Christstollens an. Dieses wunderbare und gehaltvolle Süßgebäck gehört für mich zu Weihnachten dazu. Wer etwas Ahnung von Stollen hat, der weiß, dass er überhaupt nicht schmeckt, wenn er nicht lange genug geruht hat. Es hilft also nichts! Wer an Weihnachten Stollen schlemmen will, der sollte weit vor der ersten Adventswoche mit der Weihnachtsbäckerei beginnen.

So ist das mit dem Stollen. Seitdem ich ihn backe (und das stets im November), bin ich etwas gnädiger mit den Supermarktangeboten geworden. Marzipankartoffeln und Printen, Dominosteine und Zimtsterne kommen deshalb trotzdem vor Dezember nicht in meinen Einkaufskorb. Ich nutze aber den frühen Winter, um mich gut auf einen besonderen Winterhöhepunkt vorzubereiten: das Weihnachtsfest. Dann wird der Stollen feierlich angeschnitten, der nicht halb so gut schmeckte, wenn er frisch gebacken wäre. Es kommt halt aufs Timing an.

Vor-bereiten.
DAS BEDEUTET:
ARBEIT FÜR ETWAS AUFWENDEN,
WAS ICH ERST SPÄTER BRAUCHE
ODER GENIESSEN KANN.

DAS BEDEUTET:
NICHT „JUST IN TIME".
NICHT SOFORT UND DIREKT.
NICHT UNVERZÜGLICH.

DAS IST NICHT SINNLOS.
DAS IST SINN-VOLL.
UND: ES WIRD BELOHNT!
SPÄTER HALT.

AUS ALLEM UNGELÖSTEN.
AUS ALLEM UNBEANTWORTETEN.
AUS ALLEM FRAGWÜRDIGEN.
AUS ALLEM GESCHENKTEN.
AUS ALLEM SUCHEN.
AUS ALLEM FINDEN.

EIN GEBET MACHEN.
Das ist dann ein echtes Herzens-Gebet.

# FRAGEN UND DANKEN

## BUSS- UND BETTAG

Seit vielen Jahren ist der sogenannte Buß- und Bettag aus dem Reigen der arbeitsfreien Feiertage verschwunden. Hier und da wird er zwar weiterhin von den Kirchen gefeiert. Dennoch ist dieser Tag, so mein Empfinden, mehr oder weniger unsichtbar geworden. Man kann das ja auch irgendwie verstehen. Die Frage drängt sich auf, ob Buße für uns „Otto-Normal-Menschen" in so einem Umfang nötig ist, als dass es dafür einen ganzen Tag bräuchte. Ich bin mir da selber nicht so sicher. Aber eines kann ich für mich sagen:

EINEN BETTAG BRÄUCHTE ES SEHR WOHL.
VIELLEICHT NICHT IM TRADITIONELLEN RAHMEN.
ABER EINEN TAG, AN DEM ICH MICH
MAL GANZ UND GAR FÜR EINE LÄNGERE ZEIT
MIT DEM „GROẞEN CHEF IM HIMMEL"
AUSEINANDERSETZEN KANN.

Das gäbe Raum für Fragen und Dank, für Bitten und auch für die eine oder andere Klage. Es muss ja nicht an einem Mittwoch Mitte November sein, logo! Aber ich mag mir im Winter, gerade wenn nicht Termin an Termin gereiht ist, ein wenig Zeit freischaufeln für Fragen, die wirklich wichtig sind.

# WINTERAPFEL MIT ZIMT

### TEEZEREMONIE

Die kalte Jahreszeit ist für mich auch immer die Zeit für Teegenuss. Im Sommer brauche ich Tee eher aus medizinischen Gründen. Die Kamille für den Magen, die Pfefferminze bei der Erkältung. Der Winter eröffnet mir die wirkliche Genussdimension beim Tee. Die Angebotspalette ist breit und einiges davon schmeckt mir. Der Winterapfel mit Zimt jedenfalls ist ganz oben mit dabei. Anders als die sommerlichen Tees (die ich ja nur trinke, weil ich mir etwas davon erhoffe) kann ich jetzt genießen. Ich mache eine kleine Teezeremonie daraus. Dafür kommen die guten Teetassen auf den Tisch, das Stövchen und die Teekanne. Dafür nehme ich mir Zeit. Komisch: die hätte ich ja auch im Sommer, oder? Meine Erkenntnis daraus lautet:

### DER WINTER SCHENKT MIR IMMER WIEDER ZEIT, DINGE ZU TUN, DIE ZWECKFREI, ABER NICHT SINNLOS SIND.

Dieses Un-Verzweckte macht das Leben lebenswert und damit sinnvoll. Das fängt beim Winterapfel mit Zimt an und sollte dort noch lange nicht aufhören.

ZEITMANAGEMENT – zweckmäßig – SINNVOLL.
ZEIT FÜR SPORT – zweckmäßig – SINNVOLL.
WORK-LIFE-BALANCE – zweckmäßig – SINNVOLL.

DIE NATUR BEOBACHTEN – zweckfrei – SINNVOLL.
EINEN ROMAN LESEN – zweckfrei – SINNVOLL.
EIN GUTES STÜCK TORTE … AUCH DAS!

# GEGEN DIE HEIZUNGSLUFT

## WINTERSPAZIERGANG

Was mich vorm Winterspaziergang scheut, das sind die Vorbereitungen. Warme Wäsche, Jacke, Schal, Mütze ... vielleicht sogar noch Handschuhe. Es dauert seine Zeit, bis man startklar ist. Mit kleineren Kindern wird dieses Unterfangen noch aufwendiger und nicht selten nervenaufreibend. Aber dann! Wenn alle Vorbereitungen getroffen sind, kann es losgehen.

**AM LIEBSTEN MAG ICH ES,
WENN ES RICHTIG KLAR UND KNACKIG KALT IST.
ABER AUCH EIN NEBLIGER TAG HAT SEINEN REIZ.**

Die Krönung ist natürlich immer Schnee, gerade weil er selten ist. Eigentlich ist das Wetter aber egal. Ich erinnere mich an eine Aussage meiner Eltern. „Schlechtes Wetter", so sagten sie, „gibt es nicht. Nur schlechte Kleidung!" Der Spruch hat sich bei mir eingebrannt und wirkt bis heute als Motivator für einen kleinen Fußmarsch durch die Winterluft. Der Unterschied macht es. Ich genieße in tiefen Atemzügen die Winterluft. Sie ist genau das Gegenteil meines Raumklimas zu Hause. Die warme Stube hat durchaus auch Nachteile. Irgendwann steht die Luft im Raum. Da hilft auch Lüften wenig. Gut, dass man sich dann einen Tapetenwechsel verordnen kann. Umso mehr freut man sich anschließend auf einen warmen Tee an der Heizung. Beides ein Muss!

SICH FREILAUFEN.
DEN KOPF IM HIMMEL
UND DIE FÜßE AUF DER ERDE.
VORWÄRTS GEHEN UND SICH DIE LUFT
UM DIE NASE WEHEN LASSEN.
JEDER ATEMZUG ERINNERT:

IN MIR ATMET DER GUTE Geist des Lebens.
DAS BE-GEISTERT.
IMMER WIEDER NEU!

# Dem Störer sei Dank!

DEM REGEN,
DER MIR ANDERE DINGE ERMÖGLICHT.

DEM UNERWARTETEN BESUCHER,
DER MICH MIT SEINER ZEIT BESCHENKT.

DER WARTEMARKE AN DER SCHLANGE IM AMT,
DIE MIR ZEIT ZUM VERSCHNAUFEN GIBT.

DEM AUSFALL EINES TERMINS,
DER MIR NEUE MÖGLICHKEITEN ERÖFFNET.

UND ÜBERHAUPT: DEM WINTER.
OHNE IHN WÄRE ALLE ZEIT „GUTWETTERTRUBEL".
DAS WÄRE – EHRLICH GESAGT – NICHT
AUSZUHALTEN.

# SCHIETWETTER

## REGENTAG

Es gibt sie im Winter: ganze Tage, die verregnet sind. Dann wird man morgens schon mit dem Geräusch des Regens geweckt, der auf die Fensterbank und vor die Scheiben prasselt. Wie geht es Ihnen? Ist Ihre Stimmung dann direkt im Eimer? Ich kenne es auch andersherum. Besonders dann, wenn ich keine Termine habe und nicht vor die Türe muss, tut mir ein solcher Tag manchmal sehr gut. Das ist nicht erst so, seitdem die Streamingdienste und Mediatheken genügend Unterhaltung direkt ins Wohnzimmer liefern.

**SO EIN REGENTAG MOTIVIERT MICH ZU DINGEN, FÜR DIE ICH VIELLEICHT AN KEINEM ANDEREN TAG DEN HINTERN HOCHBEKOMMEN WÜRDE.**

Die Fotobox sortieren, Sockenmemory spielen, den Kleiderschrank ausmisten, einen Brief schreiben, und, und, und. Dem Regen sei Dank, dass einem manchmal solche Tage geschenkt werden. Die Zeitfenster, die das Schietwetter eröffnet, sind wirkliche Geschenke. Für Notfälle lege ich mir in Sonnenzeiten immer mal eine Regen-to-do-Liste an. Wenn es dann soweit ist, löse ich (wie eine Art Gutschein) einen Posten ein. Ein Hoch auf den Regen und darauf, dass er uns manchmal auch beschenkt!

# Glanzvolle Alltagshelfer

DER Engel NEBEN DEM TELEFON.

DER Lichterbogen, DER SICH ZWISCHEN MICH UND DEN ALLTAG STELLT.

DER Kerzenleuchter, DER NEBEN DEN HOMEOFFICE-UNTERLAGEN VON WICHTIGEM BERICHTET.

DER Stern, DER ÜBER DER TÜRE HÄNGT UND ALLEN SAGT: WILLKOMMEN!

WELCH WUNDERBARE ZEICHEN, DASS GOTT SICH UNS NÄHERT.

# GLANZ IN DER HÜTTE

## WEIHNACHTSDEKORATION

Wenn der November seine Mitte überschritten hat, einige Tage bevor der Advent beginnt, reserviere ich traditionell einen Tag für die weihnachtliche Dekoration. Der Tag hat in etwa immer die gleiche Struktur: Zunächst wird die sperrige Treppe zum Dachboden heruntergeklappt. In der rechten Ecke des Söllers stehen die Kartons und Kisten mit der begehrten Dekorationsware. Wenn alles seinen Weg ins Wohnzimmer gefunden hat, wird Karton für Karton geöffnet und alle Dinge kommen nicht nur an die Luft, sondern kriegen auch direkt einen Platz für die nächsten sechs Wochen zugewiesen. Einzig die Lichterketten und Kugeln für den Weihnachtsbaum müssen sich noch etwas gedulden und bleiben zurück. „Welch Glanz in unserer Hütte!", so denke ich alljährlich und genau das tut gut. Die Weihnachtsdeko bringt Glanz in meine Alltagsstube. An jeder Ecke und auf allen Flächen zeugen nun Engel, Kerzenleuchter und Co. von jener Botschaft, die mittlerweile über 2000 Jahre alt ist.

EIN KLEINES KIND BRACHTE GLANZ IN EINEN
HERUNTERGEKOMMENEN STALL IN BETLEHEM.
WENN DAS DAMALS GELANG,
DANN SOLL DAS WOHL AUCH IN DIESEM JAHR
IN MEINEN VIER WÄNDEN MÖGLICH SEIN!

# MEDITATIV

### RÄUCHERMÄNNCHEN

Ich habe ein Faible für Räuchermännchen. Es vergeht kein Winter, ohne dass die kleinen Holzgesellen in unserem Haus ordentlich mit Rauchwerk bestückt werden. Ob nun der obligatorische Weihrauch oder das Tannenaroma: Ich mag nicht nur die Düfte, sondern auch den aufsteigenden Rauch. Damit leisten die kleinen Räucherkerle allwinterlich ihren ganz persönlichen Beitrag zu meiner Entschleunigung. Ich bin eher kein Typ für Meditationsübungen im klassischen Sinne.

DER RÄUCHERMANN ALLERDINGS SCHAFFT ES,
DASS MEINE GEDANKEN SPAZIEREN GEHEN KÖNNEN
UND ICH MICH EINFACH MAL NACH ALLER HEKTIK
IN DEN AUFSTEIGENDEN RAUCHSCHWADEN VERLIEREN KANN.

Der Duft tut das Seine dazu und ich merke: Das ist eine Zeit für alle Sinne. Am Ende hat es was gebracht ... zumindest wird mir klar: Ich bin noch ganz bei Sinnen!

WINTERZEIT BEDEUTET: AUF „RESET" DRÜCKEN.
DAS FÜHLEN NEU LERNEN.
DAS SEHEN NEU ERFAHREN.
DAS SCHMECKEN VERÄNDERT WAHRNEHMEN.
DAS RIECHEN WIEDER ÜBEN.
UND DANN: ALLES NEU ERLEBEN.

# TÜRCHEN AUF!

## ADVENTSKALENDER

Seit wir Kinder haben, ist die Zeit vor dem 1. Dezember vor allem damit verbunden, dass der Adventskalender bestückt und aufgehängt wird. Bei uns sind keine großen Werte hinter den Türchen verborgen. Ein Badezusatz, ein Schokoriegel, ein kleiner Gutschein für einen Ausflug ... Unsere Kinder aber stehen jeden Morgen mit leuchtenden Augen davor und heben ihren Tagesschatz, noch bevor der Alltag in Schule und Kindergarten sie einholt. Ich frage mich dann manchmal etwas melancholisch:

**WANN IST DIESE KINDLICHE FREUDE EIGENTLICH VERLOREN GEGANGEN? UND: KANN MAN SIE IRGENDWIE WIEDERFINDEN?**

Wir Erwachsenen müssten es doch eigentlich besser wissen, oder? Mit unserem Leben und allen seinen Möglichkeiten bekommen wir (wenn auch unsichtbar) jeden Morgen ein wunderbares Geschenk. Jeder neue Tag liegt wie solch ein Adventskalenderpäckchen vor uns und will, kann und soll von uns erobert werden. Der Adventskalender ist eine gute Erinnerung daran. Übrigens ist ein solcher Kalender auch für ältere Menschen nicht verboten. Ich jedenfalls möchte alltäglich das Staunen und Freuen feiern.

HINTER DEN TÜRCHEN EINES NEUEN TAGES LIEGT,
TAGEIN, TAGAUS,
DAS LEBENSGESCHENK FÜR DICH BEREIT.
AN DIESES Wundern UND Freuen
SOLLTEN WIR UNS NIE GANZ GEWÖHNEN.

LASS ETWAS AUFBLÜHEN IN DEINEM LEBEN.
IN DEINER HAST UND UNRUHE.
IN DEINER SORGE UND ANGST.
IN DEINER TRAUER UND EINSAMKEIT.

WAS HEUTE NOCH TOT IST,
KANN MORGEN SCHON AUSSCHLAGEN.
WAS HEUTE NOCH KNOSPEN HAT,
KANN MORGEN SCHON BLÜHEN.

Trau dem Unmöglichen.

# MUTMACHER

## BARBARAZWEIG

Mitte Dezember sollte schon etwas zu sehen sein. Ein leichtes Knospen vielleicht. Wenn man die Zweige nämlich frisch schneidet und am 4. Dezember, dem Festtag der heiligen Barbara, ins Wasser stellt, dann sollten sie zu Weihnachten in Blüte stehen. Brauchbar dafür sind Kirsch-, Apfel-, Birken-, Haselnuss-, Rosskastanien-, Pflaumen-, Holunder-, aber auch Rotdorn- oder Forsythienzweige. Sie alle lassen sich in der warmen Stube leicht überzeugen, auch im tiefen Winter auszuschlagen. Dieser Brauch soll an Barbara erinnern. Man erzählt sich, sie sei auf dem Weg ins Gefängnis mit ihrem Gewand an einem Zweig hängen geblieben. Sie hat ihn in Haft ins Wasser gestellt und er blühte, so die Legende, an ihrem Todestag. Ob das stimmt? Das kann ich nicht sagen.

ICH MAG ABER DIE BOTSCHAFT:
IN ALLEM TRAURIGEN,
ALLER SORGE, ALLEM ÄRGER
SCHAFFT GOTT ES,
ETWAS ZUM BLÜHEN ZU BRINGEN.

Das mag nicht immer alle Wunden heilen, aber es macht Mut und tröstet.

WOCHENSTART AM SONNTAG.
DAS FÄNGT JA GUT AN.

MIT FREIER ZEIT.
MIT FAMILIE UND FREUNDEN.
MIT AUSRUHEN UND ATEMHOLEN.
UND MIT GOTT.
Das ist licht-reich.

# LICHTVERMEHRER

## ADVENTSKRANZ

Früher, so war es der Brauch, hatte der Adventskranz 24 Kerzen. Tag für Tag wurde eine weitere Kerze entzündet und es wurde immer heller … bis endlich Weihnachten war. Mit der Zeit wurde der grüne Kranz – wie auch immer er gestaltet ist – nur noch mit vier Kerzen bestückt. Die vier Sonntage im Advent standen und stehen nun im Mittelpunkt. Ich muss zugeben: Jeden Tag hätte ich wahrscheinlich weder Zeit noch Lust, das Kerzenritual zu zelebrieren. Aber an den vier Sonntagen ist es ein absolutes Muss. Zum einen hilft es beim Warten ganz gut und beruhigt obendrein. Zum anderen hilft es mir aber auch, die Woche zu strukturieren. Der Sonntag wird auf einmal das Ziel der ganzen Woche. „So war er doch eigentlich mal gedacht, oder?", denke ich bei mir. Stimmt! Der Sonntag ist der erste Tag der Woche, den die meisten von uns als freien Tag genießen können.

WIR STARTEN –
BESONDERS IM ADVENT –
MIT LICHT UND FREUDE.

Das ist die Lektion des Kranzes und gilt für alle Sonntage des Jahres.

# IN DIE SCHUHE SCHIEBEN

## NIKOLAUSTAG

Zu Beginn des Advents naht ein besonderer Tag: der Nikolaustag, Am Vorabend stellen die Kinder die geputzten Stiefel vor die Türen. Und zusammen mit ihnen erinnern wir uns an den berühmten Bischof aus Myra. Wir erzählen uns die Legenden von ihm und werden selber ein wenig in unsere Kinderzeit zurückversetzt. Am Nikolausmorgen dann die Überraschung. Was sich wohl in den Schuhen findet? Apfelsinen, Nüsse, Naschereien und die ein oder andere Kleinigkeit. Das alles erfreut. Ich möchte mir diesen Brauch in den Alltag hinüberretten.

**VERSUCHEN WIR DOCH,
UNS GEGENSEITIG NICHTS
„IN DIE SCHUHE ZU SCHIEBEN",
SONDERN UNS EINMAL MEHR ZU ÜBERRASCHEN
UND ZU BESCHENKEN.**

Wir alle haben genug zu geben, was anderen Freude bereiten könnte. Vielleicht fangen wir an solch einem Tag wie dem 6. Dezember einfach mal damit an. Als Nikolaus und Nikoläusin machen wir uns alle gut. „Nikolaus, komm in unser Haus!"

IN DEN SCHUH ZU SCHIEBEN, DEM NÄCHSTEN NEBEN DIR –
NICHT NUR, ABER AUCH, AM NIKOLAUSTAG:

EINE Portion Liebe UND DAS WORT:
„GUT, DASS DU DA BIST."

EINE Priese Vertrauen UND MUT:
„WAS AUCH IMMER PASSIERT: DU SCHAFFST DAS!"

EINE Portion Glauben:
„DU BIST GETRAGEN UND GESEGNET VON GOTT!"

UND DANN NOCH ETWAS ZUM NASCHEN NATÜRLICH.

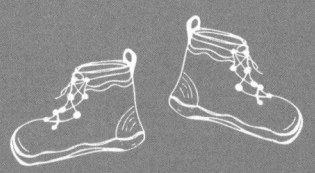

ERST WENN ES RICHTIG RUHIG IST, MERKE ICH,
WIE LAUT ES SONST UM MICH IST.

ERST WENN ES LANGWEILIG WIRD, MERKE ICH,
WIE ÜBERBESCHÄFTIGT ICH SONST BIN.

ERST WENN DAS TELEFON SCHWEIGT,
MERKE ICH, WIE OFT ES KLINGELT.

ERST WENN ICH KEINEN BILDSCHIRM VOR DER NASE HABE,
MERKE ICH, WIE FIXIERT ICH DARAUF BIN.

DER STECKER SOLLTE
AB UND ZU GEZOGEN WERDEN.
DANN MERKE ICH:

Mich gibt es! Und das ist gut!

# „ICH BEI MIR"

## WELLNESSTAG

Der Winter ist nicht allein die Zeit des Advents. Er ist die Zeit, um sich Zeit zu nehmen, in vielerlei Hinsicht. Sich Zeit nehmen, das bedeutet auch mitunter, sich Zeit für sich selber zu verordnen.

*„TU DEINEM KÖRPER ETWAS GUTES,*
*DAMIT DEINE SEELE GERNE DRIN WOHNT!",*
*SO HAT EINMAL TERESA VON AVILA GESAGT.*

Also gut: Allein in den eigenen vier Wänden, ohne Ablenkung könnte sie beginnen, die „IBM-Zeit" – also die „Ich-bei-mir-Zeit". Handy aus. Keine E-Mails, keine Telefonate, keine Nachrichten. Nur ich! Ob ich das aushalte? Es wäre einen Versuch wert. Die heiße Badewanne, die gute Tasse Tee, ein paar Pralinen vielleicht, schöne Musik, die Lieblingsserie ... der Kreativität sind keine Grenzen gesetzt. Manchmal braucht es nur den ersten Schritt und die Entschlossenheit dazu. Ich bin überzeugt: Ich kann mich mir zumuten! Ich kann mich aushalten ... und zwar sehr gut. Und dann kann ich mir auch etwas Gutes tun.

# HÄNDE FREI! LICHT AN!

## LUCIATAG

Beim Fest der heiligen Lucia am 13. Dezember schlüpft in vielen Ländern ein Mädchen in die Rolle der Heiligen. Auf seinem Kopf: ein Kranz mit brennenden Kerzen. Die Heilige ist dafür bekannt, diesen Kranz auf dem Kopf getragen zu haben, um mit ihren freien Händen die Armen speisen zu können. Was für ein tolles Bild! Da frage ich mich, womit meine Hände oft belegt sind, im übertragenen Sinne. Das Ergebnis ist manchmal ernüchternd. Zu oft sind wir eben mit Nebensächlichkeiten überbeschäftigt bis zum Anschlag. Am Ende sind wir überfordert von uns selbst, unseren Ansprüchen und unseren Prioritäten. Der Luciatag ist da ein willkommener Hinweis:

### LASS DEIN HAUPT LEUCHTEN. DU BIST EIN KÖNIGSKIND!

Und dann mach ab und zu die Hände frei und beschenke mit ihnen die Welt, die Menschen um dich herum und manchmal auch dich selber. Leuchtend!

HÄNDE, DIE schenken.
HÄNDE, DIE umarmen.
HÄNDE, DIE stützen.
HÄNDE, DIE streicheln.
HÄNDE, DIE aufrichten.

ALLES DABEI!
BEREIT ZUM EINSATZ.

# IMMERGRÜN

## TANNENBAUMKAUF

In den letzten Jahren meine ich beobachten zu können, dass die Tannenbäume immer früher in die Wohnzimmer Einzug halten. Durch manch ein Zimmerfenster leuchtet und glitzert es bereits Anfang Dezember.

ICH FRAGE MICH DANN IMMER,
OB DER PRACHTBAUM NICHT SCHON AN WEIHNACHTEN
OHNE NADELN DASTEHT.

Ich halte es lieber traditionell. In der letzten Adventswoche führt unser Weg zur Baumschule am Ortsrand und unser Baum wird

ausgesucht. Er lagert dann noch einige Tage auf der Terrasse, bis er seinen Weg ins Wohnzimmer findet, wo er ins Licht gesetzt und geschmückt wird. Die Botschaft des Baumes hat dann Zeit, meine Winterwohnung bis mindestens zum 6. Januar zu erfreuen. Die grünen Blätter des Baumes künden einmal mehr:

**DAS LEBEN IST NICHT TOTZUKRIEGEN. DIE HOFFNUNG IST SOZUSAGEN FROSTRESISTENT UND IMMERGRÜN.**

Was für ein trostreiches Zeichen, wo ich viel zu oft und viel zu früh die Hoffnung aufgebe in meinem Leben. Dann stimmt auch die Liedzeile: „O Tannenbaum, o Tannenbaum! Dein Kleid will mich was lehren!" Ich kann es kaum glauben, aber ich lerne also bei einer Nordmanntanne. Ungewöhnlich! Aber es hat was!

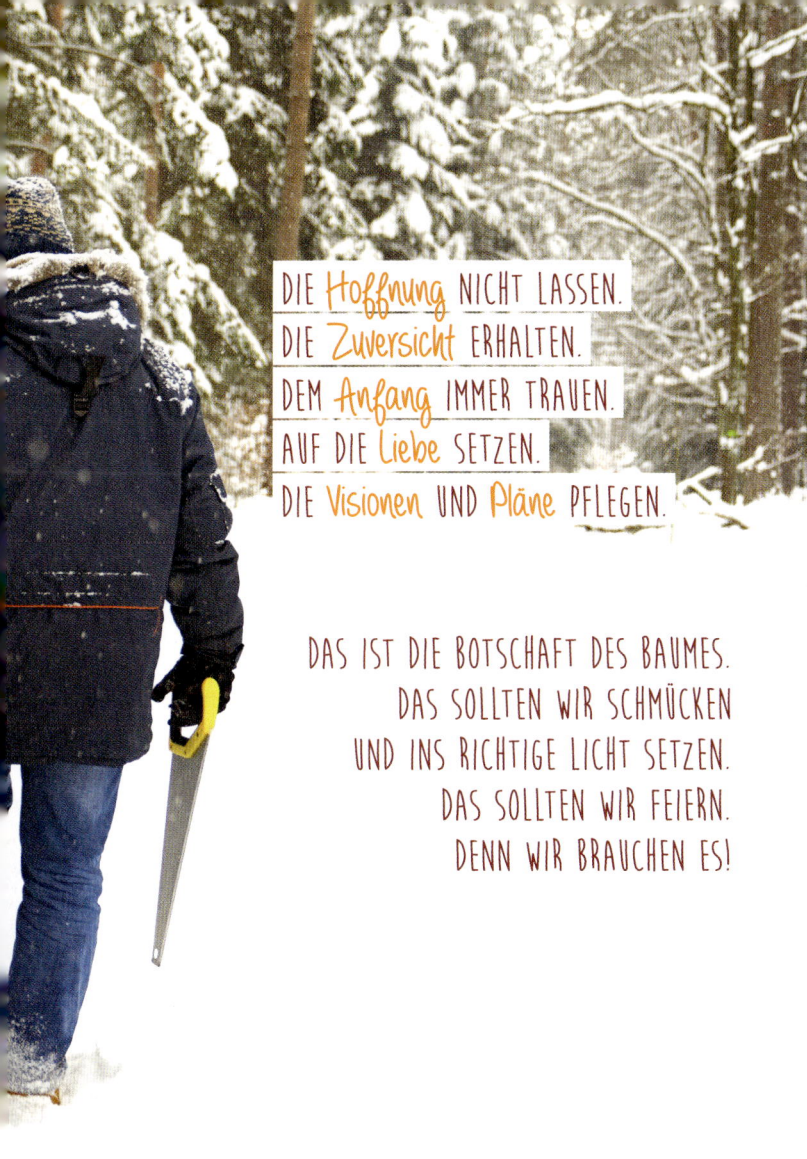

DIE Hoffnung NICHT LASSEN.
DIE Zuversicht ERHALTEN.
DEM Anfang IMMER TRAUEN.
AUF DIE Liebe SETZEN.
DIE Visionen UND Pläne PFLEGEN.

DAS IST DIE BOTSCHAFT DES BAUMES.
DAS SOLLTEN WIR SCHMÜCKEN
UND INS RICHTIGE LICHT SETZEN.
DAS SOLLTEN WIR FEIERN.
DENN WIR BRAUCHEN ES!

ANIS UND FENCHEL.
BRATWURST UND GLÜHWEIN.
MARONEN UND PUNSCH.

STERN UND ENGEL.
STALLDUFT UND WEIHRAUCHSCHWADEN.
MYRRHE UND GOLD.

Weihnachten ist erlebbar.
Kostbar!

# SINNESFEUERWERK

## WEIHNACHTSMARKT

Ob man den Trubel und Rummel nun mag oder nicht: Der Weihnachtsmarkt gehört zum Advent irgendwie dazu. Klar, Rostbratwurst und gebrannte Mandeln sind nicht alles und die Botschaft von Weihnachten ist viel mehr als das. Aber ganz ohne Weihnachtsmarkt? Das geht auch nicht. So schlendern auch wir mindestens einmal in der Adventszeit durch eine weihnachtliche Budengasse, meistens mit lieben Freunden. Ich glaube, es sind vor allem die Gerüche, die einen solchen Besuch für mich unverzichtbar machen. Die braun gebratene Rostbratwurst, der Anisgeruch des Bonbonstandes, die gebrannten Mandeln ... das alles ist eine Wohltat für die Nase.

**WEIHNACHTEN HATTE SCHON IMMER MIT DEN SINNEN ZU TUN – AUCH DARAN KANN MICH EIN SOLCHES SINNESFEUERWERK ERINNERN.**

Der Stallgeruch, der Wohlgeruch des Weihrauchs, der Glanz des Sterns über dem Stall, das Licht des Engels ... das alles ist sinnenträchtig bis zum Gehtnichtmehr.

# DAMIT ES GELINGT

## WEIHNACHTSPUTZ

Ich zögere es nach Möglichkeit immer so lange heraus, bis es nicht mehr anders geht. Das hat natürlich zur Folge, dass ich meistens erst kurz vor knapp mit dem weihnachtlichen Hausputz fertig werde. Dann aber blinkt es an allen Ecken und Enden im Haus und es kann wirklich Weihnachten werden. Natürlich weiß ich im Innersten: Weihnachten würde auch kommen, wenn der Boden dreckig und die Sideboards staubig wären. Das wäre dem kleinen Kind in der Krippe egal und meinen Gästen hoffentlich auch. Am Ende ist aber der vorweihnachtliche und gründliche Hausputz für mich so etwas wie eine Vergewisserung: „Jetzt hast du wirklich alles getan, was möglich ist!"

**DARUM GEHT ES UNS MENSCHEN BEI HERZENSSACHEN, SO GLAUBE ICH: ALLES MENSCHENMÖGLICHE GETAN ZU HABEN, DAMIT ETWAS GELINGT.**

So ist das auch für mich in meinen vier Wänden. Ich möchte an Weihnachten alles geben, damit meine Lieben und ich jene Botschaft feiern können, die uns ein ganzes Jahr tragen soll und muss: Gott ist uns nah. Die Putzhände sind schnell vergessen, sobald man ins „Weihnachtsfinale" starten kann. Auch in diesem Jahr werden wahrscheinlich meine Gäste nicht kontrollieren, ob die Fenster streifenfrei sind. Aber hoffentlich merken sie, dass ich alles nur Mögliche getan habe, damit wir unsere gemeinsame Zeit genießen können.

HERAUSPOLIEREN SOLLTEN WIR
HIER UND DA UNSERE *Liebe*.

SIE WIRD OFT ALS SELBSTVERSTÄNDLICH ANGESEHEN.
SIE LÄUFT IRGENDWIE MIT.
SIE IST IRGENDWIE „EINFACH NUR SO DA".

WIR SOLLTEN IHR HIER UND DA EIN FEST BEREITEN,
SIE HERAUSPUTZEN,
SIE ALLEN HERZENSMENSCHEN PRÄSENTIEREN.

DAS WÄRE SENSATIONELL.

WARUM TUN WIR DAS ALLES?
JAHR FÜR JAHR.
MAN KÖNNTE SO VIEL WENIGER
VORBEREITEN UND VERANSTALTEN.
WENIGER IST MEHR, SO SAGT MAN DOCH.
ODER?

WARUM SCHNEIDEN WIR
JAHR FÜR JAHR TANNENZWEIGE?
WARUM ÜBEN WIR DIE ALTEN LIEDER?
WARUM SAGEN WIR GEDICHTE AUF?

Es tut gut und baut auf.
MEHR TUT ES IN DER TAT NICHT.
WENIGER ABER AUCH NICHT!

# TASCHENWÄRMER

## MARONEN

Das ist in jedem Winter einmal dran: der Kauf von Maronen. Heiß und dunkel gebrannt liegen sie in der gusseisernen Pfanne auf dem Markt in der Fußgängerzone. Ihr Duft lockt mich alljährlich an und überzeugt mich: „Eine Tüte bitte!" Kurz darauf folgt dann immer dieselbe Erkenntnis: Die kleinen Röstkastanien sind meist verkohlt, schwer zu pellen und mir eigentlich viel zu pelzig vom Geschmack. Aber: sie wärmen auch unglaublich gut die Hände in der Jackentasche. Na immerhin! Trotzdem ist der Kauf ein Muss. Er erinnert mich an früher und an Menschen, die mir wichtig sind. Meine Eltern und Großeltern zum Beispiel, die mir als Kind Maronen gekauft haben.

**UND DIE MARONEN ERINNERN MICH DARAN, DASS MANCHMAL EINE SACHE EINFACH NUR GUTTUN MUSS. NICHT MEHR UND NICHT WENIGER.**

Das ist der Grund, warum ich auch dieses Jahr wieder vor dem Stand stehen werde und mich dann sagen höre: „Eine Tüte bitte!" Vielleicht schaffe ich es ja mal, die Maronentüte sofort in die Tasche zu stecken. Und wenn nicht: auch egal! Es tut einfach gut.

# WINTERGENUSS

## BRATAPFEL

Es muss ein mehliger Apfel sein, finde ich. Und hinein gehören nach altem Rezept Marzipan, Rosinen und natürlich Zimt und Zucker … manchmal schmeckt er auch mit Honig gut. Der Bratapfel ist winterliches Sonntagsritual bei uns. Sein Duft ist einmalig. Schon unglaublich, so denke ich bei mir, was man aus den guten Gaben von Mutter Natur so alles zaubern kann. Noch im frühen Herbst haben wir an Erntedank für die Ernte des Jahres gedankt. Am Bratapfel im Winter zeigt sich, wie existenziell wichtig diese Dankbarkeit ist. Der Apfel, wenn er denn dampfend aus dem Ofen kommt, erinnert mich an eine Grundhaltung der Dankbarkeit. Was im Jahreslauf gilt, gilt eben auch für mein Leben.

> WIR LEBEN IM KARGEN WINTER VON DEM GLANZ,
> DEN WIR IM FRÜHJAHR SÄEN,
> ÜBER DEN SOMMER PFLEGEN
> UND IM HERBST ERNTEN.

Das alles zahlt sich im Winter aus. So will ich auch mein Leben gestalten, um im Winter meines Lebens aus dem Vollen schöpfen zu können.

DU ZAHLST ZEITLEBENS EIN.
DU SÄST UND PFLEGST, DU GIESST UND HEGST:
FREUNDE, FAMILIE, ERLEBNISSE, ERFAHRUNGEN.

AM ENDE,
WENN ES HERBST WIRD,
KANNST DU
DAVON LEBEN.
DAS BEDEUTET
„gesegnetes Alter"
EIGENTLICH.

DAS SCHMECKT WAHRSCHEINLICH WUNDERBAR.

MARIA BRINGT DAS KIND ZUR WELT.
JOSEF TRÄGT DAS MIT.

DIE HIRTEN BRINGEN UNS DAS STAUNEN BEI.
DER ENGEL ÜBERSCHLÄGT SICH VOR FREUDE.

GROSSES KINO.
IN UNSEREM WOHNZIMMER ...

... WENN WIR DARAN BAUEN UND ARBEITEN
UND ES AM ENDE AUCH ZULASSEN.

# BAUVORHABEN

## KRIPPE AUFSTELLEN

Maria, Josef, Jesus. Eine mittelgroße Schafherde mitsamt Hirtenfamilie. Drei Weise, ein Kamel. Der Engel und natürlich Ochse und Esel. Ich bin Krippenfan. Seit den Tagen meiner Kindheit, als mir das Christkind Jahr für Jahr eine weitere Figur unter den Tannenbaum legte. So steht unsere Krippe alljährlich auf einer beachtenswerten Fläche neben dem Baum und erzählt die alte und große Geschichte von Gott, der Mensch wurde. Das Aufbauen ist mittlerweile für die ganze Familie ein beliebtes Ritual. Zweige schneiden, Wege streuen, Moos und Wurzeln dekorieren. „Wir machen es dem Jesuskind bei uns zu Hause gemütlich", so sagte mal unser Sohn. Eigentlich sollten wir nicht schlauer werden als dieses Kind. Denn genau das ist die Botschaft von Advent und Weihnachten. Das ist die große Aufgabe, Winter für Winter.

**WIR SOLLTEN ES DIESEM JESUS IN UNSERER MITTE SO GEMÜTLICH MACHEN, DASS ER GERNE KOMMT UND DANN AUCH BLEIBEN MAG.**

Natürlich ist das eine sehr kindliche Denkweise. Das gebe ich gerne zu! Aber: Manchmal müssen wir vielleicht für kurze Zeit von unserem aufgeklärt-sachlichen Erwachsenenblick lassen. Dann können wir etwas aufbauen, was den Kern der Botschaft wirklich zeigt. Genau wie bei der Krippe.

# FAMILIENTRADITION

## WEIHNACHTSESSEN

Es hat einige Jahre gebraucht, bis wir uns als junge Familie emanzipiert hatten. Bei der Familie meiner Frau gab es an Weihnachten immer einen Filettopf mit Röstiecken. „Das war schon immer so!", sagte meine Frau und konnte sich nichts anderes vorstellen. In meiner Familie hingegen gab es Filet im Speckmantel und dazu Bohnen und Kroketten. Gar nicht so weit voneinander entfernt, werden Sie jetzt denken. Und doch: Wenn es um das Weihnachtsessen geht, trennen die beiden Gerichte Welten. Inzwischen ist etwas ganz anderes zu unserem Familien-Weihnachtsessen geworden: die rheinisch zubereitete Rinderroulade mit Rotkohl. Eines Tages werden unsere Kinder wahrscheinlich ein ähnliches Traditionsbewusstsein mit ihrem Weihnachtsessen entwickeln.

### WICHTIGER ALS DAS, WAS IN DEN TÖPFEN IST, SIND SICHERLICH IMMER DIE ERINNERUNGEN AN JENE MENSCHEN, DIE UNSERE TISCHGENOSSEN WAREN.

Ihnen verdanken wir mehr. Rezepte und Gerichte ... aber vor allem Liebe und Geborgenheit. Gut, dass wir jetzt schon wissen, was Weihnachten auf den Tisch des Hauses kommt. Wir werden es mit Liebe kochen. Ehrenwort!

Zutatenliste für das Weihnachtsmenü:

KINDHEITSERINNERUNGEN.
DER GESCHMACK VON ZUHAUSE-SEIN.
DER GERUCH VON LIEBE.

DEN REST KANN MAN IMMER NOCH
EINKAUFEN.

# ALLE JAHRE WIEDER (ANDERS?)

## HEILIGABEND

Eigentlich stand bis vor einigen Jahren rein gar nichts zur Disposition. Der Heilige Abend war wie in Stein gemeißelt klar geregelt: Letzte Einkäufe bis 12 Uhr. Der letzte Schliff beim Hausputz bis 14 Uhr. Der Gang ins Bad bis 15 Uhr. Kirche um 17 Uhr. Essen um 18.30 Uhr. Bescherung um 20 Uhr. Danach: Gemütlichkeit und Bewunderung der Gaben ... und vielleicht ein gutes Glas Wein. Dann aber kam Corona. Wenn mir jemand vor einigen Jahren gesagt hätte, dass ich am Heiligen Abend zum Open-Air-Gottesdienst gehe und dass eine Pandemie auch sonst alle Abläufe durcheinanderbringt ... ich hätte ihm selbstbewusst und überzeugt den Vogel gezeigt. Nun wissen wir alle: Durch Corona ist vieles anders gekommen. Eigentlich unvorstellbar. Aber es hat funktioniert und war am Ende sogar schön, anders schön.

VIELLEICHT HAT DAS ABWEICHEN VON DER ROUTINE SOGAR GUTGETAN. ICH ZUMINDEST HABE GEMERKT, DASS ES AM ENDE IMMER WEIHNACHTEN WERDEN KANN.

Gut, wenn wir dazu ein Gerüst haben, an dem man sich festhalten kann wie etwa an einer Laterne. Ein schlauer Mann sagte mal: „Traditionen sind wie Laternen. Sie geben Orientierung. Aber nur Betrunkene halten sich daran fest!" Ich mag die Lektion gerne annehmen:

ICH WILL MICH AN ÄUSSERLICHKEITEN
IN ZUKUNFT ETWAS WENIGER FESTHALTEN,
SONDERN SIE ZUR ORIENTIERUNG NUTZEN.
DAS ERMÖGLICHT AM ENDE AUCH
NEUE UND ANDERE ERFAHRUNGEN.

ES KOMMT, WIE ES KOMMEN MUSS:
GOTT WIRD MENSCH.
ERFINDET SICH SELBER NEU UND FÄLLT VOM HIMMEL.
EIN PHÄNOMENALER ERSTER AUFTRITT
VON EINEM „SUPERMANN-GOTTES-SOHN".

EINER, DER SOFORT ALLES KONNTE,
WUSSTE UND LÖSTE.

SIE MERKEN ES?
ER KAM ALS BABY
IN DER UNBEDEUTENDEN PRÄRIE ZUR WELT.

GOTT IST WEHRLOS UND HILFSBEDÜRFTIG.
GOTT MUSS LERNEN.
GOTT IST AUSGELIEFERT.

SO MUSSTE ES KOMMEN.
SUPERHELDEN UND HOCHGLANZFORMAT
HATTE MAN NÄMLICH NICHT GEBRAUCHT.

O, du fröhliche!

# SCHÖNE (KLEINE) BESCHERUNG

## GESCHENKE

Je älter ich werde, je weniger Wünsche habe ich. Das merke ich in den letzten Jahren. Je älter ich werde, je mehr macht mir aber das Schenken Freude. Da sind die eigenen Kinder, die mit großen Augen vor dem Weihnachtsbaum stehen, wenn sich ein Herzenswunsch erfüllt. Bei ihrem Anblick kommen Erinnerungen hoch an die eigenen Bescherungen der Kindheitstage. Da sind viele liebe Menschen aus unserem Freundeskreis. Auch sie bedenke ich rund um das Fest der Feste gerne mit kleinen, aber umso herzlicheren Gaben. Ein kleines Gedichtbuch, eine gute Flasche Wein, ein Blümchen … man weiß ja meist, was beim Gegenüber ankommt. Ich selber bin, wie gesagt, oft wunschlos glücklich. Aber gerade in dieser Wunschlosigkeit lasse auch ich mich gerne von der ein oder anderen unerwarteten Gabe von lieben Menschen überraschen. Das zeigt mir nicht nur, dass auch ich Menschen am Herzen liege, sondern außerdem: Diese Menschen haben etwas von mir verstanden. Sie wissen, womit sie mich erfreuen können, und sie kennen meine Leidenschaften.

DAS IST JA DAS SCHÖNSTE GESCHENK HINTER JEDEM GESCHENK: JEMAND HAT ETWAS WESENTLICHES VON MIR VERSTANDEN. DAS BESCHENKT WIRKLICH.

WENN JEMAND ETWAS
VON DIR VERSTANDEN HAT ...
ALSO NICHT NUR von DIR WEISS ...
NICHT NUR um DICH WEISS ...

VIELMEHR:
WENN EINER WEISS,
WIE DU TICKST,
WIE DU TRÄUMST,
WAS DU LIEBST.

Das ist Geschenk.

UM UNS HERUM DAS GEHEIMNIS WEIHNACHTEN.

KEINE WUNDERWAFFE, UM MIT GEWALT
ALLES ZUM GUTEN ZU WENDEN.
KEINE WEIHNACHTSDROGE,
DIE DIE WIRKLICHKEIT WEGNEBELT.

WEIHNACHTEN MACHT ERNST, WENN WIR ES
IN DAS ECHTE LEBEN HINEINLASSEN.

Vor unseren Türen, um uns herum,
wird wirklich Weihnachten.
TRÖSTLICH!

# GUT DURCHLÜFTET

## WEIHNACHTSSPAZIERGANG

Irgendwann, da geht kein Weg dran vorbei, fällt man an den Weihnachtstagen in eine Art Starre. Das Essen, die Gespräche, die warme Stube ... das alles führt nicht selten zu einer trägen Müdigkeit. Dann hilft nur eines, selbst wenn es nur kurz ist, vielleicht zwischen Mittagessen und Nachmittagskaffee: Man muss vor die Türe. Der Weihnachtsspaziergang hilft mir immer, mir das Weihnachtsfest noch einmal durch den Kopf gehen zu lassen. Und zugleich schaue ich durch die Vorgärten in die Wohnzimmer in der Nachbarschaft. Hinter manchen Fassaden wird es auch zum Fest nicht einfach sein. Nicht überall ist „eitel Sonnenschein" – Weihnachten radiert eben die Probleme nicht weg. Bei mir selber ist das – Hand aufs Herz – ja auch nicht anders.

WENN WIR ABER SINGEN:
„WELT GING VERLOREN, CHRIST IST GEBOREN",
DANN GILT DAS ERST RECHT FÜR ALLE, WIRKLICH ALLE, DIE BEI
SOLCH EINEM WEIHNACHTSSPAZIERGANG IN DEN BLICK FALLEN.

Ob man sie kennt oder nicht. Ich mag genau das nicht aus dem Blick verlieren und die Realität auch vor, an und nach Weihnachten nicht vergessen. Wenn ich wieder nach Hause komme, darf die Feier gerne weitergehen. Ich bin dann gut durchlüftet und weiß einmal mehr, was Weihnachten wirklich bedeutet.

# DEFTIG

## APPETIT AUF HERZHAFTES

Ich bin sehr anfällig für Sodbrennen. Ein nerviges Leiden, das bei mir vor allem dann einsetzt, wenn ich zu viel Süßes esse. An Weihnachten ist die Gefahr recht groß, dass ich von diesem Wehwehchen heimgesucht werde. Dabei sagt mir mein Körper eigentlich, wann er genug Zucker intus hat. Das äußert sich hauptsächlich im Bedürfnis nach etwas Herzhaftem. Dominosteine, Printen, Spekulatius und Schokonikoläuse sind dann plötzlich raus aus dem Rennen und ich ertappe mich dabei, wie ich eine Scheibe Salami oder ein Stück Käse im Kühlschrank suche. Das tut gut und stellt irgendwie das Gleichgewicht wieder her. Ich merke: Im Grunde bestimmt dieses Thema den ganzen Winter. Was gibt es nicht für leckere süße Delikatessen zu genießen von den Stutenkerlen im November über die Weihnachtsnaschereien bis hin zum traditionellen Fettgebäck an Karneval! Der Magen braucht aber, genau wie unser Leben, auch die andere Seite. Was im Speiseplan die Wurstscheibe und der Käse sind, ist im Alltag die Ausgeglichenheit.

AKTIVITÄT UND RUHE, ARBEIT UND VERGNÜGEN, KÖRPERLICHE ANSTRENGUNG UND KOPFARBEIT ... DAS ALLES BRAUCHT EIN GUTES VERHÄLTNIS ZUEINANDER.

Der Gang zum Kühlschrank kann mich daran erinnern, diese Gegensätze auch auszukosten.

SCHAU DARAUF,
WANN, WIE UND WODURCH DU IN BALANCE BIST.
LEBE SO, DASS DIES MÖGLICHST OFT SO IST.

DU BIST EINGELADEN
ZUR VIELSEITIGKEIT UND ZUR VIELFALT.
Nimm die Einladung ruhig an.

# RUHESTÖRUNG

## STEPHANUSTAG

Am 26. Dezember, mitten in den hohen Weihnachtstagen, wird unsere weihnachtliche Stimmung alljährlich gesprengt. Das Fest des heiligen Stephanus stellt uns diesen Menschen als den ersten Märtyrer vor. Er ließ sein Leben für dieses Kind, das wir gerade noch als Kind in der Krippe gefeiert haben. Das verstört und stört unsere Feststimmung auf den ersten Blick. Wer kann schon eine solche Störung gut tolerieren? Bei manchen Dingen erkennt man erst auf den zweiten Blick (und das auch manchmal nur schwer), wozu sie gut sein könnten. Stephanus ist für mich so ein Fall. In der Apostelgeschichte der Bibel erzählt man seine Geschichte. Stephanus sagt, so heißt es dort, er sehe den Himmel offen. Was für eine tolle Botschaft und was für ein Zeugnis, oder?

BESONDERS AM ENDE EINES JAHRES MÖCHTE ICH DAS AUCH SAGEN KÖNNEN: ICH SEHE DEN HIMMEL OFFEN. ES BEDEUTET FÜR MICH: ICH HABE IMMER NOCH HOFFNUNG UND PERSPEKTIVEN.

Letzten Endes gilt das für mein ganzes Leben. So verstanden, lasse ich mich gerne in meiner Ruhe stören. Auch an Weihnachten!

Der Himmel steht offen.
WIR SIND ALSO ORIENTIERT.

Der Himmel steht offen.
wir sind also schlussendlich willkommene.

Der Himmel steht offen.
DAS ERDET. UNGLAUBLICH!

Auf das Leben – EIN PROSIT!
Auf die Liebe – EIN PROSIT!
EIN HOCH DARAUF, DASS ES BEIDES GIBT.
UND AUF DIE MENSCHEN, DIE BEIDE BEGRIFFE
MITEINANDER IN MEINEM HERZEN VERBINDEN.
WOHL-SEIN!

# REINEN WEIN EINSCHENKEN

## JOHANNISTAG

Am 27. Dezember feiert die Kirche den Apostel Johannes. Er, so sagen es die Texte der Bibel, war so etwas wie der Lieblingsjünger Jesu und wich ihm nicht von der Seite. Johannes und die Liebe, das wurde seit jeher zusammengedacht. In vielen Gegenden (besonders in denen, die vom Weinanbau geprägt sind) wird an diesem Tag der Johanniswein gesegnet. Der sogenannte „reine Wein" steht bei den Weinkennern für einen guten Tropfen, der mit viel Liebe und Leidenschaft durch die Hände der Winzer entstand. Wein und Liebe, das sind zwei Themen, die sich häufig treffen. An diesem Winterabend will ich mir eine meiner Lieblingsflaschen aufmachen. Ich mag das vollmundige und ehrliche Aroma einatmen und genießen. Aber am liebsten mit einem wertvollen Menschen an der Seite.

ICH ERHEBE DAS GLAS
AUF DIE LIEBE UND DIE LIEBSTEN.
UND DARAUF, DASS AUCH DAS NEUE JAHR
UNS BEIEINANDER HÄLT.

In Liebe, Treue und ehrlich miteinander verbunden. Von Herz zu Herz!

# DAZWISCHEN

## ZWISCHEN DEN JAHREN

Dazwischenzustehen ist manchmal alles andere als angenehm. Ich denke etwa an das Gefühl, wenn man zwischen die Fronten zweier gegnerischer Parteien gerät. Ähnlich ist es für mich in jedem Winter in jenem Zeitraum, den wir gerne mit „zwischen den Jahren" bezeichnen. Weihnachten ist vorbei und Silvester noch nicht da. Das Jahr ist im Grunde gelaufen. Ändern tut man nichts mehr. An keiner Bilanz, welcher Art auch immer sie sein möge. Eigentlich bleibt nicht viel, was man tun kann. Oder doch? Es ist vielleicht Zeit, sich genau diese Bilanz anzusehen.

### MAN KANN EINE PERSÖNLICHE NACHLESE HALTEN AUF ALL DAS, WAS WAR.

Wenn dann der Strich unter die Rechnung des alten Jahres gezogen wird, also am 31. Dezember um 24 Uhr, dann kann man das vielleicht um einiges freier und versöhnter tun. Man hat für die Durchsicht der Bilanz genug Zeit. Einige Tage sollten reichen, um in Stichworten auf einem Papier das vergangene Jahr zu skizzieren. Wenn man dabei feststellt, dass es irgendwo an irgendetwas fehlt, dann tröstet der Gedanke, dass das neue Jahr 365 neue Chancen mit sich bringt. Und was dann noch fehlt, gleicht Gott immer gerne aus. Man sollte die Rechnung ohnehin nie ohne ihn machen.

BEI ALLEM, WAS FEHLT,
GIBT GOTT WAS DAZU.

BEI ALLEM, WAS NICHT REICHT,
GIBT GOTT WAS DAZU.

GENAU DAS IST
DIE BOTSCHAFT, DIE TRÄGT:
Ich bin genug.

ICH DANKE MEINER KIRCHE FÜR DIE KIRCHEN.
IN ZEITEN, IN DENEN MIR VIELES
UNENDLICH SCHWERFÄLLT.
ICH KANN – TROTZ ALLEM –
DIE LUFT IN IHREN ALTEN GEMÄUERN FREI ATMEN.
ICH KANN MIR – WIE EIN KIND –
VON IHREN WURZELN ERZÄHLEN LASSEN.

*Wie alles anfing mit der Kirche –
das gefällt mir.*

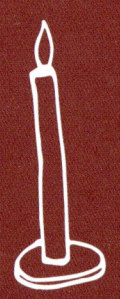

DA MÜSSTE MAN WIEDER HINKOMMEN.
UND ZU DIESER FREIHEIT
MÜSSTE MAN ZURÜCKFINDEN.
DAFÜR ZÜNDE ICH EINE KERZE AN.

# VON KIRCHTURM ZU KIRCHTURM

## KRIPPENWANDERUNG

In den meisten Kirchen sind sie im Winter aufgebaut: die Weihnachtskrippen. Liebevoll, detailverliebt erzählen sie uns bildlich die Geschichte der ersten Weihnacht. Ich nehme mir jeden Winter vor, eine Krippenwanderung zu machen. Der Weg führt mich dann von Kirchturm zu Kirchturm. Zu Fuß oder mit dem Rad komme ich ins Gespräch mit meinen Weggefährten. Und an einer Etappe angekommen, besichtigen wir das Kunstwerk. Aber mehr noch:

WIR GENIESSEN DEN KIRCHENRAUM,
ATMEN DEN BESONDEREN GERUCH EIN,
ZÜNDEN EINE KERZE AN.
DAS IST VIELLEICHT DAS GRÖSSTE GESCHENK.

Ich lerne dann die Kirchengebäude neu zu schätzen und spüre ihren Wert. Die alten Gemäuer entschleunigen mich und rücken mich wieder an meine Stelle im Gefüge der Welt. Ich bin wahrscheinlich nur ein kleines Rädchen im System. Aber: ich bin tatsächlich unterwegs von Ort zu Ort, um etwas mehr von dem zu erfahren, was mir Segen sein kann. Ich danke meiner Kirche (mit der ich in letzter Zeit auch oft gehadert habe) für diese offene Türe und die Möglichkeit dazu. Die Krippe, also das Kind im Stall, zieht mich an. Und wo ich schon mal da bin, springt viel mehr dabei heraus.

# ETWAS AUFSTEIGEN LASSEN
## RAUNÄCHTE

Die sogenannten Raunächte oder Rauchnächte, so sagt es eine Definition, haben ihren Namen von der Beweihräucherung der Ställe durch einen Geistlichen oder die Bauern selber in den zwölf Tagen nach Weihnachten. Vom 25. Dezember bis zum 6. Januar wurde dieses Ritual durchgeführt. Auch wenn ich weder Vieh noch Stall habe: Ich mag diese Abende und Nächte am Ende und Anfang des Jahres. Sie haben etwas Verbindendes. Ihre Botschaft: Alles ist im Fluss. Es geht weiter, immer weiter. Und diesem Anfang, aber auch dem Ende, wohnt wirklich ein Zauber inne. Ich mag auch das Bild, dass der Bauer selber mit dem Weihrauch seine Nächte des Jahresumbruchs weiht, alles, mit dem er seine Zukunft weiter gestalten kann. Der Weihrauch hüllt alles in Wohlgeruch und steigt dann nach oben. Dieses alte Zeichen hat schon König David so fasziniert, dass er in einem seiner Psalmen schrieb:

### „WIE WEIHRAUCH SOLL UNSER GEBET VOR GOTT AUFSTEIGEN." WAS FÜR EIN KLEINES UND DOCH MÄCHTIGES ZEICHEN!

Ich besorge mir manchmal etwas von diesem Weihrauch und lege ihn auf eine glühende Kohle. Mit dem aufsteigenden Rauch schicke ich meinen Alltag nach oben und alles, was mich ausmacht. Ich bin darauf angewiesen, dass ich zusammen mit Gottes Hilfe etwas daraus machen kann.

# 12 Tagesbitten

1. DASS ICH NICHT MÜDE WERDE, NEU ANZUFANGEN.
2. DASS ICH DIE HOFFNUNG NICHT VERLIERE.
3. DASS ICH ANDEREN EIN TROST SEIN KANN.
4. DASS ICH MICH NICHT SELBER VERLIERE.
5. DASS ICH VERRÜCKT BLEIBE.
6. DASS ICH DIE LIEBE NICHT VERGESSE.
7. DASS ICH MIR ETWAS GÖNNEN KANN.
8. DASS ICH IN DER TRAUER NICHT UNTERGEHE.
9. DASS ICH DIE NEUGIERDE NEU ÜBE.
10. DASS ICH AUF DIE FREUDE SETZE.
11. DASS ICH DANKBAR BIN.
12. DASS GOTT BEI ALLEM DABEI IST.

LADE DEN TAG NICHT MIT ALLZU
VIELEN ANSPRÜCHEN VOLL.

PASS AUF, DASS DU IHN NICHT
MIT ZU HOHEN ERWARTUNGEN BELASTEST.

PLANE NUR SO VIEL WIE EBEN NÖTIG.

LASS AUCH EIN ZEITFENSTER FREI,
IN DEM DU DU SELBER SEIN KANNST.

Nur du. So wie du gerade bist.

DAS GILT FÜR DEN LETZTEN,
ERSTEN UND JEDEN TAG DEINES LEBENS.

# WIE ES MIR GUTTUT

## SILVESTER

Der Name des letzten Tages stammt von einem Papst. Silvester ist lange schon tot. Sein Name ist aber, besonders am Ende des Kalenderjahres, in aller Munde. Jeder hat ja zum Jahresende seine eigenen Rituale. Im engsten Kreis, in großer Runde, bei einem festlichen Menü oder bei Raclette, mit oder ohne Dinner for One und Ekel Alfreds Silvesterpunsch. Wie auch immer: Ich lasse mich seit Jahren nicht mehr unter Druck setzen. „Wir machen das immer so", gibt es mit Blick auf den Jahreswechsel bei mir nicht mehr. Das nimmt die Erwartungen raus und führt (zumindest bei mir) zu einer größtmöglichen Entspannung.

ICH HABE FÜR MICH NUR EINE SACHE KLAR:
ICH MÖCHTE SO INS NEUE JAHR SCHLITTERN,
WIE ICH MICH GERADE FÜHLE.
ECHT UND EHRLICH.

Es hat schließlich kein anderer mein persönliches Jahr miterlebt. Selbst wenn ich schlafend in das „Neue" hinüberkomme, kann ich dennoch aus vollem Herzen sagen: „Frohes Neues!" Und wenn mir nach dem genauen Gegenteil zumute ist, dann dürfen auch die Korken knallen. Wie gut, dass uns jeder neue Tag so viel Freiheit gibt. Ich mag sie ausnutzen – auch im neuen Jahr.

# TRADITIONSGEBÄCK
## NEUJAHRSBREZELN

Brachial – das klingt in unseren Ohren grob, das klingt herzlos, wenig empathisch. „Brachium" meint den Arm und das, was zu ihm gehört. Meine Lateinzeiten waren bei Weitem nicht die besten Erfahrungen meines Lebens. Aber von kulinarischen Köstlichkeiten war ich immer schon verführbar. Wie das zusammenhängt? Kaum einer wird es wissen: Das lateinische Wort „brachium" ist auch der Ursprung des Wortes Brezel. Denn dieses Traditionsgebäck erinnert in seiner Form an verschlungene Arme, an eine Gebetshaltung der Mönche im Mittelalter. Die verschlungenen Arme der Brezel erinnern mich wiederum daran, was wir uns in den letzten Monaten wegen Corona abtrainieren mussten: das Umarmen. Ich bin oft erschrocken, wie schnell das ging. Besondere Zeiten erfordern also besondere Maßnahmen. Hefe, Milch, Mehl, Butter, Zucker und Eier sind schnell besorgt. Nach rund 30 Minuten Backzeit gibt es dann die Möglichkeit zu „brachialer Vorfreude" auf all das, was hoffentlich wiederkommen wird. Das kann und muss man eigentlich auch an andere verschenken, die einem wertvoll sind. Ich jedenfalls werfe den Ofen schon mal an.

## EINE KULINARISCHE UMARMUNG IST IMMER DRIN.

Rezept zum neuen Jahr:
EINE PRISE VERNUNFT (NUR SO VIEL WIE NÖTIG!).
EIN GROSSES MASS MUT.
VIEL VERTRAUEN.
UND EINEN GUTEN GEIST
FÜR ALLE IDEEN UND VORHABEN.

# MUSIK MACHT GLÜCKLICH

### HAUSMUSIK

Für mich kann ein Winterwohlfühltag auch immer gerne musikalisch gestaltet sein. Persönlich habe ich die Musik im Blut. Wie schön, wenn dafür einmal wirklich Zeit ist. Und so hebe ich den Deckel vom Klavier hoch, der mitunter auch mal ein wenig eingestaubt ist. Zaghaft beginne ich vor mich hin zu spielen.

*GANZ IN GEDANKEN VERSUNKEN,*
*WIRD AUS DEN ERSTEN TÖNEN EINE MELODIE.*
*ES MACHT SPASS UND TUT GUT,*
*WENN SICH ETWAS ENTWICKELT.*

Das zeigt mir auch, was in mir steckt. Meine Welt sind die Tasteninstrumente. Das mag bei anderen anders sein. Doch egal, ob man Klavier, Blockflöte, Mundharmonika, Harfe, Tuba oder Schlagzeug spielt: Musiker wissen, wovon ich spreche. Aber auch all jene, die kein Instrument beherrschen, haben das Recht, in den Genuss von Hausmusik zu kommen, so finde ich. Geben wir doch einfach mal einen Tag lang der Musik mehr Raum. Ob sie nun aus Instrumenten entspringt, vor sich hin gesungen wird oder aus dem Lautsprecher kommt. Studien haben es übrigens längst herausgefunden, dass Musik glücklich machen und mitunter sogar Krankheiten heilen kann.

MOZARTS SYMPHONIEN.
DIE ODE AN DIE FREUDE.
EINE DEFTIGE POLKA.
DAS KINDERLIED VON HÄNSCHEN KLEIN.
DIE GEFLÖTETE WEISE AUF DEN LIPPEN.
GROßER GOTT, WIR LOBEN DICH.
DER ENTENTANZ.

Thank you for the music!

ICH VERTRAUE DARAUF:
ICH STEHE UNTER EINEM GUTEN STERN.

WAS FÜR EIN FUNDAMENT!
DARAUF KANN ICH AUFBAUEN.
Sternverliebt IN DEN FRAGEN MEINES LEBENS.
STERNBEWEGT, WEIL ICH BEHÜTET BIN.

# DEM GUTEN STERN FOLGEN

## DREIKÖNIGSTAG

Am 6. Januar eines jeden Jahres ist es so weit: Nicht nur in Köln, wo ihre Gebeine liegen, sondern überall auf der Welt gedenkt man der Sterndeuter aus dem Morgenland. Caspar, Melchior und Balthasar, so erzählt es die Bibel, haben sich aus allen Ländern der Welt auf den Weg in die bedeutungslose Stadt Betlehem gemacht. Dort fanden sie, was sie so sehr suchten: ein Kind in einer Krippe. Ein mächtiger Stern soll ihnen den Weg gezeigt haben. Ob das alles genau so passiert ist? Ich weiß es nicht! Am Ende ist es wahrscheinlich auch nicht ausschlaggebend und wichtig. Mir stellen die Heiligen Drei Könige alljährlich einige wichtige Fragen:

### WELCHEM STERN FOLGE ICH EIGENTLICH IN MEINEM LEBEN? WAS GIBT MIR ORIENTIERUNG UND HALT? WAS IST DAS FUNDAMENT, AUF DEM ICH STEHE?

Was die drei aus dem Morgenland zum Ziel führte, war vor allem ihr Vertrauen. Sie konnten diesem Stern trauen und vertrauen. So eine gute Orientierung wünsche ich mir auch für mich. Dann stehe ich wirklich unter einem guten Stern!

# „BAUM FÄLLT!"

## ABSCHMÜCKEN

Haben Sie schon? Müssen Sie noch? Ich meine das Abschmücken. Es scheiden sich seit Jahren die Geister an der Frage, wann die Weihnachtszeit denn nun zu Ende sei. Dann müsse ja folgerichtig auch abgeschmückt werden. Das ist dann das Aus für den Christbaum, die Lichterbögen und alle weihnachtliche Dekoration. Die Kirche regelt es so: Am Sonntag nach dem Dreikönigstag sei Schluss. Viele orientieren sich aber an der alten Regel und lassen den Weihnachtsschmuck bis zu Maria Lichtmess am 2. Februar in ihren Wohnungen. Bei anderen verschwinden Baum & Co bereits nach den Weihnachtstagen. Ich habe mir angewöhnt, bis Dreikönige durchzuhalten. Aber ehrlich gesagt, fällt es mir auch dann noch schwer. Zu lange ist es noch dunkel da draußen und zu gut wirkt sich die glanzvolle Deko auf meine Stimmung aus. Ich mache es deshalb so: Ein Deko-Element darf draußen bleiben.

ES STEHT DANN BIS IN DIE ERSTEN FRÜHLINGSTAGE
AUF DEM REGAL UND ERINNERT MICH DARAN,
DASS WEIHNACHTEN UNS GLANZ
FÜR ALLE TAGE DES JAHRES SCHENKT.
AUCH OHNE BAUM UND KRIPPE.

HALTE DIR EINEN STERN ZURÜCK.
VERPACKE IHN NICHT
MIT DEM ANDEREN WEIHNACHTSKRAM.

STELL IHN AUF DEINEN TISCH,
INS REGAL ODER AUF DEINEN NACHTISCH.

LASS DICH ERINNERN:
Der Weihnachtsstern erlischt nicht!
DAS MACHT MUT, ODER?

MEHR SPORT
WENIGER SMARTPHONE
MEHR FAHRRADFAHREN
WENIGER PLASTIKMÜLL
MEHR ZEIT FÜR FREUNDE

Vor allem aber:
Ich möchte gut mit mir sein.

SO WIE ICH BIN.
DAS IST DER WICHTIGSTE VORSATZ!
DER REST: KOMMT, WENN ICH DRANBLEIBE.

# ÜBER BORD GEWORFEN?

## GUTE VORSÄTZE

Meist dauert es nicht lange: So in etwa in der Mitte, oder spätestens am Ende des Januars werfe ich bereits einige meiner guten Vorsätze über Bord. Mehr Sport und Bewegung, abends nur noch Salat, das Auto öfter stehen lassen ... das Brechen dieser Vorsätze passiert nicht etwa in einer bewussten Entscheidung, sondern es schleicht sich so ein, unbewusst. Wie ein Blitz trifft es einen dann plötzlich: „Was ist eigentlich aus deinen Neujahrsvorsätzen geworden?" – Tja ... wie heißt es in der Bibel so schön: „Der Geist ist willig. Schwach ist das Fleisch!" Ich mag mich eigentlich nicht klein machen wegen meiner Schwächen und der fehlenden Konsequenz. Ich will aber ehrlich zu mir sein und herauszufinden versuchen, warum das immer wieder passiert.

**WAS HÄLT MICH IM ALLTAG EIGENTLICH DAVON AB, JENE DINGE ZU TUN, DIE ICH MIR ALS GUT UND RICHTIG FÜR MICH VORGENOMMEN HABE?**

Wahrscheinlich ändert es auch in diesem Winter nichts an meinem inneren Schweinehund. Ich mag aber den Moment wahrnehmen, an dem mir das auffällt. Mit großer Gelassenheit will ich mich dann annehmen, so wie ich bin. Wenn ich mit mir im Reinen bin, wird der Rest schon werden. Sicherlich!

# GRÜN IST DIE HOFFNUNG

## GRÜNKOHLESSEN

Ein typisches Wintergericht – nicht nur am Niederrhein und in Westfalen – ist der Grünkohl. Ich mag ihn „untereinander", also mit Kartoffeln zusammen, einer guten Mettwurst und natürlich mit Senf. In den Winterwochen werde ich immer wieder einmal zu einem sogenannten Grünkohlessen eingeladen. Freundeskreise, Straßengemeinschaften und viele Vereine haben diesen Termin fest in ihrem Jahreskalender stehen. Grünkohl sättigt, er wärmt und vor allem fördert er die Geselligkeit. Neben den delikaten Aspekten tut er so einen weiteren guten Dienst. Er führt Menschen in einer Jahreszeit zusammen, in der man sonst eigentlich auch gerne eingemummelt vor dem Kamin bei sich ist. Das gemeinsame Essen tut gut. Winter für Winter. Grün, so sagt man ja, ist die Hoffnung. Der Grünkohl ist es dann auch irgendwie.

**IM KALTEN UND GRAUEN WINTER BRINGT ER NICHT NUR FARBE AUF DEN TISCH, SONDERN AUCH MENSCHEN ZUSAMMEN.**

Das macht wieder Lust auf den Frühling und den Sommer. Aber jetzt erst mal: Hoffnung kochen ... und gemeinsam essen.

ICH MAG ES,
GEMEINSAM HOFFNUNG ZU TEILEN.

DIE HOFFNUNG AUF BESSERE ZEITEN.
DIE HOFFNUNG AUF GEMEINSAME ERLEBNISSE.
DIE HOFFNUNG AUF EINE GUTE ZUKUNFT.

GETEILTE HOFFNUNG WIRD NÄMLICH GRÖßER.

Das lässt hoffen!

# WEIHNACHTS-BOOSTER

## MARIA LICHTMESS

Am 2. Februar, also 40 Tage nach Weihnachten, feiert die Kirche das Fest der Erscheinung des Herrn, im Volksmund „Maria Lichtmess" genannt. Wahrscheinlich ist zu diesem Zeitpunkt in den allermeisten Wohnungen und Häusern, aber auch auf allen Straßen der Weihnachtsschmuck bereits seit Wochen verschwunden. Mag sein, dass der Alltagstrott sich längst wieder eingestellt hat und die nasskalten Wintertage bis zum ersten Frühlingstag sich für die meisten zäh ziehen. Maria Lichtmess ist für mich ein besonderer Wohlfühltag. Warum das so ist?

DIESER TAG ERINNERT MICH
IN ALLEM ALLTÄGLICHEN DARAN,
DASS VOR NOCH NICHT ALLZU LANGER ZEIT
EIN FEST DIE KRAFT HATTE,
DIESEN TROTT ZU UNTERBRECHEN UND AUFZUHELLEN.

Weihnachten hatte bisher jedes Jahr diese Wirkung auf mich. Eigentlich, so glauben wir ja, müsste dieses Fest so viel Kraft haben, dass es das ganze Jahr hindurch leuchtet. Dass dies keineswegs immer so ist, kenne ich auch aus eigener Erfahrung nur zu gut. Maria Lichtmess heißt ja eigentlich „Darstellung des Herrn". Ein kantiger Begriff. Aber er besagt auch:

JESUS, DER AN WEIHNACHTEN MENSCH WURDE,
LÄSST SICH ÜBER DAS GANZE JAHR
GUT BEI MIR DARSTELLEN.
DESWEGEN FEIERE ICH AM 2. FEBRUAR
NOCH MAL WEIHNACHTEN.

Vielleicht finde ich in meinem Süßigkeitenversteck sogar noch einen Schokonikolaus oder ein paar Dominosteine. Wenn nicht: auch egal. Jedenfalls genieße ich das Gefühl von „O du fröhliche" im Februar.

DER STALL STEHT AUCH IM FEBRUAR
OFFEN FÜR MEINEN BESUCH.
DAS KIND AUS DER KRIPPE
LÄCHELT MICH AUCH IM MAI AN.
DER STERN LEUCHTET AUCH IM HOCHSOMMER.

Weihnachten ist ein Ganzjahresgefühl.
ALLE TAGE WIEDER, SOZUSAGEN.

# KERZEN VOR DER NASE

## BLASIUSSEGEN

Eine alte Tradition ist am 3. Februar, also am Festtag des heiligen Blasius, der sogenannte Blasiussegen. Dabei werden den Menschen zwei gekreuzte Kerzen vor das Gesicht gehalten und dazu erklingt der Segensspruch: „Auf die Fürsprache des heiligen Blasius bewahre dich der Herr vor Halskrankheiten und allem Übel!" Das Kreuzzeichen macht die Formel dann am Ende perfekt. Ob es das braucht? Ob das Zauberei ist? Meine Mandeln jedenfalls haben sich im letzten Jahr nicht an den Segen erinnert und waren trotzdem entzündet. Ich gehe dennoch wieder hin. Was für ein Zeichen:

ICH SCHAUE IN DAS LICHT UND MAN WÜNSCHT MIR,
DASS ICH AN LEIB UND SEELE VON ÜBEL BEFREIT BLEIBE,
SO GUT ES EBEN GEHT.

Das lasse ich mir gerne zusagen. Ich kenne die vielen kleinen und großen Übel, die einem zustoßen können und die ich nicht selten auch mir selber antun kann. Und ich kenne das Gefühl, wenn mir der „Hals schwillt" und die Wut in mir hochkocht. Auch das ist für mich und für andere sicher ein Übel. Wie dem auch sei! Mit zwei Kerzen vor der Nase mag ich mich erinnern: Ich bin ein Kind des Lichtes und gesegnet. Wundervoll.

ICH MAG MIR AB UND AN
DAS LICHT EINER KERZE GÖNNEN.

Die Botschaft ist schlicht, aber sie ergreift mich:
ES IST DIE ERHELLUNG ALLER DUNKELHEITEN MÖGLICH.

DAFÜR BRAUCHT MAN HIER UND DA ZEIT.
VIELLEICHT GAR NICHT VIEL.
EIN KERZENSCHEIN LANG REICHT MANCHMAL!

DAS WUNDER IST NICHT WEIT WEG VON DIR.
ES SCHLUMMERT IN SEINEM VERSTECK.

VOR DEINER TÜRE.
GLEICH HINTER DER NÄCHSTEN ECKE.

IM KLEINEN WÄLDCHEN IN DER NACHBARSCHAFT.
IM STERNENHIMMEL ÜBER DEM FELD.

Du solltest an Wunder glauben
und sie suchen.
Es lohnt.

# OPEN AIR

## GLÜHWEIN UND LAGERFEUER

Die Coronapandemie hat uns erfinderisch gemacht, was die Freiluftveranstaltungen angeht. Plötzlich fand man sich bei so manchen Aktivitäten an der frischen Luft wieder. Auch und besonders im Winter war das so. Eine Tradition wurde bei uns neu begründet: Der Winter hält uns nicht mehr davon ab, auch bei Kälte im Garten mit Freunden zusammen zu sein. Wir treffen uns zu einem Lagerfeuer und einem Glühwein mit lieben Freunden unter freiem Himmel. Das ist ein Event für die ganze Familie. Das Holz wird geschichtet und entzündet und der heiße und duftende Glühwein oder Winterpunsch wärmt in den Bechern und Tassen die Hände und später den Körper. Ohne diese Unterbrechung wären wir wahrscheinlich auf der Couch kleben geblieben. Vielleicht brauchen wir im Winter hier und da solche Open-Air-Momente. Zugegeben: Eine Pandemie brauche ich dazu nicht mehr. Aber der Winter liefert viel mehr Möglichkeiten, als wir auf den ersten Blick sehen. Viele von ihnen liegen aber außerhalb des Wohnzimmerradius.

ICH MAG WINTER-ENTDECKER SEIN
UND DIE AUGEN AUFHALTEN.
WAGEN WIR MEHR OPEN-AIR-KULTUR.

# EIN TAG FÜR DIE LIEBE

## VALENTINSTAG

Ob ich nun den Valentinstag begehe oder nicht: egal! Ich persönlich brauche keine Blumen, um die Liebe zu feiern, und meine Frau, Gott sei Dank, auch nicht. Aber die Erinnerung tut dennoch gut, oder? Der heilige Valentin hätte sich wahrscheinlich nicht träumen lassen, dass er einmal auf Plakaten in Blumenläden und Süßwarenabteilungen zu finden sein würde. Ich mag trotzdem am Valentinstag daran denken, dass Liebe auch Pflege braucht und eben nicht selbstverständlich ist.

> LIEBE BRAUCHT ABER NICHT NUR SORGFALT IM UMGANG MIT IHR, SONDERN SOLLTE AUCH HIER UND DA GEFEIERT WERDEN.

Der Alltag ist oft schwer genug. Ob wir die Liebe nun an einem winterlichen Februartag feiern oder im hochsommerlichen August, ist am Ende egal. Ich schreibe mir immer wieder mal in den Kalender: „Die Liebe feiern" – gerne auch mit Blumen, einer Radtour oder einem einfachen Kuss. Valentin sei Dank!

EIN WORT AUF DIE LIEBE:
„Schön, dass es dich gibt!"

EINE UMARMUNG AUF DIE LIEBE:
„Lass dich mal drücken!"

EINE AUFMERKSAMKEIT AUF DIE LIEBE:
„Du bist ja selber auch
Geschenk für mich!"

EIN HOCH AUF DIE LIEBE!

Anleitung zum Verrücktsein:
LAUFE EINFACH MAL RÜCKWÄRTS.
HÜPFE IN DER SUPERMARKTSCHLANGE.
SPRINGE MIT DER FREUDE
EINES KINDES IN DIE PFÜTZE.
VERSCHENKE LUFTSCHLANGEN.

# MAL DURCHKNALLEN

## Karneval

Am Ende des Winters, so muss ich gestehen, habe ich allmählich auch mal wieder genug von ihm. Ich sehne mich den ersten Frühblühern entgegen und lausche Morgen für Morgen, ob nicht die ersten Vögel zwitschern. Auch die gute Stube hält mich nur noch schwer gefangen. Ich brauche dann irgendwie Energie. Für viele Mitmenschen kommt da die Hochzeit des Karnevals gerade recht. Von Weiberfastnacht bis Aschermittwoch ist man mancherorts außer Rand und Band. Es gibt natürlich auch Karnevalsmuffel. Diese nutzen die jecken Tage, um in den Kurzurlaub zu flüchten. Jedem also seine Art und Weise! Ich mag, besonders am Winterende, immer gerne mal „durchknallen". Ich möchte mir ein wenig Verrücktsein gönnen und das auch anderen zugestehen. Der Karneval erfüllt jedenfalls die Aufgabe, mir zu zeigen:

NUN WIRD ES LANGSAM ZEIT,
DEN WINTER AUSZUTREIBEN.
DAS GILT FÜR DIE NATUR,
ABER AUCH FÜR MEIN GEMÜT.

# FEHLERFREUNDLICHKEITSTAG

## ASCHERMITTWOCH

Der Aschermittwoch läutet die Fastenzeit ein, an deren Ende Ostern steht. Spätestens dann ist Frühling und das Leben ist zurückgekehrt. Das Aschenkreuz prangt immer weniger Menschen auf der Stirn. Man bekommt es in jedem Gottesdienst am Aschermittwoch. Verstanden wird dieses Zeichen heute nicht mehr selbstverständlich. In Sack und Asche mag ja keiner daherkommen. Ich mag es trotzdem … und wenn man es nicht auf der Stirn tragen möchte, so mag ich zumindest den Aschermittwoch. Der Tag erinnert mich daran, dass wir alle etwas fehlerfreundlicher sein sollten.

FREUNDLICH SEIN ZU FEHLERN?
DAS BEDEUTET AUCH, MIR SELBER EINZUGESTEHEN,
DASS ICH NICHT PERFEKT BIN,
UND DEN ANDEREN MENSCHEN IN MEINEM UMFELD
IHRE FEHLER NICHT ZU SEHR ANZUKREIDEN.

„Bedenke, dass du Staub bist und zum Staub zurückkehrst", so heißt es bei der Spendung des Aschenkreuzes. Weil das Leben ohnehin viel zu kurz ist, möchte ich an einem Tag, noch bevor der Frühling kommt, einfach mal über meinen Umgang mit meinen Macken nachdenken.

ICH MAG DAS WORT Entschuldigung.
ICH HÖRE ES GERNE.
ES TUT MIR GUT.

ES SOLLTE MIR
VIELLEICHT AUCH ÖFTER MAL
ÜBER DIE LIPPEN KOMMEN.

MAN HÖRT ES GERNE.
ES TUT MENSCHEN GUT.
MAN MAG ES.

ERINNERUNGEN PFLEGEN,
OHNE „EWIG GESTRIG" ZU WERDEN.

AUS DER VERGANGENHEIT LEBEN,
OHNE DIE GEGENWART ZU VERTEUFELN.

ZURÜCKSCHAUEN UND TROTZDEM
LUST AUF ZUKUNFT HABEN.

Dann schreibt unsere
Geschichte wirklich Geschichte.

AUCH HEUTE NOCH.

# MAL REINSCHAUEN

## VERWANDTENBESUCH

Am Ende des Winters beginnen viele mit den Vorbereitungen für die nahe Frühlingssaison. Der Rasenmäher wird in die Wartung gebracht, das Fahrrad zur Inspektion. Bald verbringen wir wieder viel Zeit vor der Türe unseres Hauses. Vielleicht ist dann die letzte Chance, noch einmal den ein oder anderen Besuch in Angriff zu nehmen. Mit einer Primel unterm Arm könnte man zum Beispiel liebe Verwandte besuchen. Vielleicht nicht unbedingt die aus der nächsten Nähe – die sieht man ja häufig. Ich denke da eher an die zweite und dritte Reihe. Wie geht es eigentlich der Großtante? Was machen die Cousinen? Geht es den Großneffen gut?

> SOLCHE BESUCHE MAG ICH SEHR.
> MAN ERZÄHLT OFT ÜBER DIE ALTEN ZEITEN
> UND ERFÄHRT DABEI NICHT SELTEN NEUE DINGE
> ÜBER SEINE WURZELN.

Wer mit wem verheiratet war, wo das Milchgeschäft war, wie teuer eine Kugel Eis 1960 war … Ein wertvoller Geschichtsunterricht mit Sitz im Leben.

# DER SCHNELLE BACKSPASS

## WAFFELN BACKEN

Waffeln, so finde ich, passen am besten in die kalte Jahreszeit. Ob man sie pur isst, mit Puderzucker oder mit Eis und heißen Kirschen, das muss jeder selber wissen. Ich persönlich bin kein großer Bäcker. Ich koche gern! Das Vermischen von Eiern, Butter, Mehl und Milch bereitet mir hingegen weniger Freude. Bei Waffeln ist das jedoch anders. Der Teig ist einfach und schnell gemacht. Das Backergebnis liegt dann ruckzuck auf dem Teller beziehungsweise im Magen.

WAFFELN BACKEN, DAS HAT
FÜR MICH AUCH MIT ERINNERUNGEN ZU TUN.
IN MEINER KINDHEIT WAR ES
AN MANCHEM REGENTAG DIE RETTUNG
VOR DEM VERSINKEN IN ENDLOSER LANGEWEILE.

Eine Stunde in der Waffelbäckerei gönne ich mir bis heute immer wieder mal. Wenn ich dann beim Genießen die Augen schließe, schmeckt es nach mehr. Ich erinnere mich an den Geschmack meiner Kindheit – und das schmeckt dann doppelt gut.

ICH KANN MANCHMAL DIE LIEBE NOCH SCHMECKEN.
DIE LIEBE MEINER ELTERN UND GROẞELTERN.
UND DANN SCHMECKE ICH, WIE ES WAR:

Nach Hause kommen.

Geborgen sein.

Geliebt werden.

DANN SCHLUCKE ICH KURZ UND HALTE INNE.
UND DANACH SCHMECKT ES DOPPELT SO GUT.

DU KANNST DIE KÄLTE VERTRAGEN,
WEIL DU UM DIE WÄRME WEISST.

DU KANNST DIE STILLE ERTRAGEN,
WEIL ES IN DIR SUMMT, DAS LEBENSLIED.

DU KANNST DIE EINSAMKEIT AUSHALTEN,
WEIL DU DICH GEBORGEN WEISST.

Und du kannst aus allem Kraft ziehen,
für immer neue Frühlingsmomente,
die es ohne Winter nicht geben könnte.

# WENN DER FRÜHLING KOMMT

## TULPEN KAUFEN

Am Ende dieses Buches steht ein ganz besonderes Tagesvorhaben: der Tulpenkauf. Bei uns im Nachbarort gibt es eine wunderbare Gärtnerei. Am Ende des Winters, kurz bevor der Frühling kommt, kann man da eine beeindruckende Vielfalt unterschiedlichster Tulpen kaufen. Die bunten Frühlingsboten tun mir gut. Sie künden von dem, was nun bald anbricht. Ich mag aber beim Anblick dieser wundervollen Farben nicht nur voller Tatendrang nach vorn schauen. Ich erinnere mich: Eine Blumenzwiebel muss vom Herbst bis zum Frühjahr den Winter im frostig-kalten Boden überstehen. Nur dann kann sie sprießen, Knospen treiben und letztlich blühen.

> WIR BRAUCHEN DEN WINTER.
> AUCH FÜR UNS MENSCHEN GILT:
> WER DEN WINTER GESTALTET UND AUSKOSTET,
> WIRD IM FRÜHJAHR WIEDER AUFBLÜHEN KÖNNEN.

Ich denke also beim Blick auf meinen ersten Tulpenstrauß dankbar an die Winterwohlfühltage zurück. Nun kann der Frühling kommen, der Sommer und der Herbst. Im nächsten Winter mag ich dann wieder von Neuem auftanken. Das ist das Rezept für neue und satte Farben in meinem Leben.

## Abbildungen